कुछ अपनी - कुछ जग की

नीरव

Made with ❤ on the Notion Press Platform
www.notionpress.com

पढ़ने की आदत तो अम्मा के कारण छुटपन से ही लग गई थी । छोटी उम्र में ही बहुत कुछ पढ़ लिया। कभी -कभी तुकबंदियां किया करता था। कालेज के दिनों में तुकबंदियां की तो मित्रों ने झूठी तारीफें भी की। कालेज छोड़ने के बाद पढ़ने का शौक तो बदस्तूर जारी रहा पर लिखना बंद हो गया। कोविड के दिनों में जब आसपास सब कुछ अविश्वसनीय और अप्रत्याशित ढंग से घट रहा था उसने कहीं न कहीं दोबारा लिखने के लिए प्रेरित किया। सोशल मीडिया और प्रकाशन के तमाम प्लेटफार्मों ने प्रकाशन कितना सुलभ कर दिया है। कुछ भी लिखिये और तुरंत कहीं न कहीं छाप दीजिए। मैं भी इस लोभ से बच नहीं पाया।ये तमाम कविताएं किसी न किसी प्लेटफार्म पर प्रकाशित हैं।पर हर कवि या लेखक की तरह मैं भी इसे एक छपी हुई पुस्तक के रूप में देखने का मोह नहीं त्याग पा रहा हूं।ये किताब उसी मोह की परिणति है।

क्रम-सूची

क्रम-सूची

क्रम-सूची

क्रम-सूची

क्रम-सूची

कुछ अपनी, कुछ जग की कहनी है कथा
कुछ अपनी, कुछ जग की कहूंगा व्यथा।

1. लिखना

कोई ज़रिया नहीं है
जिन तक पहुंचने का मेरे पास
मैं बस
उन तक पहुंचने के लिए ही लिखता हूं।
जो मैं हो न सका
वो हो जाने के लिये लिखता हूं।

2. अनकहा

मैंने जो कहा
उससे अधिक मुझमें शेष रहा
जो रहा अनकहा
कई बार लगता है
कहे से कई गुना अच्छा था
जो रह गया
अब तक अनकहा

3. ख़ुद को बचाये रखना

कितना कठिन है
इस दौर में
ख़ुद को
खुद बनाये रखना
आवाज़ों के कोलाहल में
गुम मत हो जाना
अपनी आत्मा जगाये रखना
बचाकर रखने होगें
इन कोलाहल भरी भीड़ में
बचाकर रखने होंगे
अपने भीतर ही
एकाकी निर्जन अरण्य।
कर्कश कोलाहलों में भी
बचाकर रखने होगें मौन के स्वर,
बला की भीड़ के मध्य भी
बचाकर रखने होंगे अपने
एकांत के द्‌वीप,
मन में फैलते हुए
विस्तृत मरुस्थल के मध्य भी
बचाकर रखने होगे अंतर में ही
जीने के लिए कुछ
हरीतिमा भरे मरुद्‌यान।
सूखती संवेदनाओं की नदी के मध्य भी
बचाकर रखने होंगे
संवेदनाओं के कुछ गहरे पोखर

भले छोटे ही सही।
अर्थहीन होते शब्दों
छलने वाले अर्थों और
अनर्गल वाक्यों के मध्य भी
बचाकर रखने होंगे कुछ अर्थपूर्ण अक्षर।
खंडित होते विश्वासों और उपजे अविश्वासों के मध्य भी
बचाकर रखने होंगे
अपनी प्रतिबद्धताओं पर अटूट विश्वास,
चतुर्दिक फैलती
घृणाओं के मध्य भी
बचाकर रखना होगा प्रेम।

4. जो कह नहीं पाते

कई बार हम कहना चाहते हैं
बहुत कुछ, पर कह नहीं पाते,
कितने वाक्य, कितने वार्तालाप
जैसे उमड़ते रहते हैं हृदय में,
पर या तो अधरों पर आ नहीं पाते,
या फिर आते हैं
मात्र कुछ महज औपचारिक शब्द, वो भी
उससे बिल्कुल अलग
जो हम चाहते थे कहना।
जो अभिव्यक्ति नहीं हो पाती अधरों से,
जो बातें हम नहीं कह पाते
उतर आती है कभी सफ़ेद पन्नो पर,
कभी मोबाईल के धड़कते हुए कीबोर्ड से
कर लेती हैं यात्राएं
आभासी दुनिया की भीड तक।
कई बार बस इतनी सी चाह जागती है
कि कोई बस इतना कह दे
कहते रहो हम पढ़ रहे हैं
कहते रहो हम सुन रहे हैं
बस किसी का इतना कहना भर
दे जाता है कितनी सांत्वना।
पता नहीं क्यों कितनी बार लगता है
जैसे कोई कह रहा है कुछ
मांग रहा थोडी आश्वस्त
चाहता है थोडा ध्यान

वैसे ही जैसे चाहता हूं मैं।
जो कह नहीं सकते अधरों से
सो चलो कह देते हैं शब्दों में,
कहती रहो सुन रहा हूं मैं,
लिखती रहो पढ़ रहा हूं मैं,
समझ रहा हूँ मैं
महसूस कर रहा हूँ मैं।
तुम्हारी पीडाएं पहुंचाती है मुझ तक,
तुम्हारी प्रेरणाएं पहुंचाती है मुझ तक,

5. कुछ कहा कुछ सुना, कुछ अनकहा कुछ अनसुना

कुछ कहा
कुछ सुना
कुछ रहा
अनकहा
अनसुना
इस कहे- सुने
अनकहे- अनसुने के मध्य
गुजरा सारा जीवन
अब सोचता है मन
कह डाला होता,
उन सबको वो सब अनकहा जो कहना था
सुन लिया होता, वो सब अनसुना जो सुनना था
शायद कम हो जाते
कुछ दुख, कुछ संताप
अपने भी, उनके भी
कम होते पश्चाताप, अपने भी, उनके भी
कहे- सुने, अनकहे- अनसुने के मध्य
बीता सारा जीवन।
अब सोचता है मन
कुछ और कहा होता
कुछ और सुना होता
उन सबसे जो कह रहे थे
उन सबसे जो सुन रहे थे
पर अब भी जो है शेष

कह सकते हैं उनसे
जो सुन रहे हैं
सुन सकते है उनको जो कह रहे हैं
इस कहे सुने
इस अनकहे, अनसुने के मध्य़
बीता जाता जीवन
सोचता ही रह जाता है मन
कुछ और कहा होता
कुछ और सुना होता।

6. जीवन पथ

सांसो के अनवरत
उठने गिरने का क्रम है जीवन
सांसो का मौन ही
पूर्ण विराम जीवन का कहलाता है।
जीवन कब रुकता है,
जीवन कब थमता किसी के जाने से,
बिना मौन हुए सांसो के स्वर
कौन भला जग से मुक्ति पाता है।
एक ही पथ ना जाने कितनों को
किन किन गंतव्यों तक पहुंचाता है
एक ही पथ कितने
अनजान अपरिचितों को मिलाता है।
एक ही पथ पर एक ही यात्रा करते हुए
पथ लोगों को दृश्य अलग-अलग दिखलाता है,
एक ही परिस्थिति में, भिन्न-भिन्न लोगों को
जीवन भिन्न- भिन्न अनुभव करवाता है।
कोई सर्वथा संतुष्ट हो जाता
पाकर अपना मनचाहा जीवन,
कोई मनचाहे जीवन की चाह में
जीवन भर संघर्षरत ही रह जाता है।
कोई जूझता रहता, जीवन भर दुखों से
करता ही रह जाता, क्षण भर के सुख की कामना
किसी पर प्रारब्ध,
जीवन भर ही सुख लुटाता है।
किसी को प्राप्त हो जाते लक्ष्य सारे

इसी जीवन में थोड़ा चलकर ही
कोई जीवन भर चलकर
लक्ष्य को छू भी न पाता है।

7. मैं कौन हूं

मैं कौन हूं
ये एक प्रश्न प्रायः ही
सुरसा के मुख की तरह
मुंह बाये हमारे सामने
आकर खड़ा हो जाता है
अपने अस्तित्व के अर्थ की ख़ोज में
इस प्रश्न से करना ही पड़ता है सामना
जीवन में है
कितने अभाव, कितने दुख, कितनी विवशताएं
अपन हिस्से न भी हों तो
औरों के दुखों को कैसे अनदेखा कर जायें
सत्य- मिथ्या- कल्पनाएं
कितना दुर्घटनाएं, कितनी विभीषिकाएं
कितनी इच्छाएं ,कितनी कामनाएं
कितनी दमित वासनाएं
कितनी आशंकाएं,कितनी चिंताए
कितने द्वेष, कितनी दुर्भावनाएं
कितनी पीड़ाए, कितनी बेदनाएं
कितने बंधन, कितनी काराएं
कहीं सुख की बारिश
कहीं दुख की धूप
कहीं अधरों पर हास या
कभी नयनों में अश्रु
स्वार्थ संबंध या
निस्वार्थ जुडाव

चाहिए गति या चाहिए ठहराव
यह पल जो है
या जो बीत गया
या जा आने वाला है
ध्येय क्या, लक्ष्य क्या?
उद्‌देश्य क्या?
कब चलना, कब रूकना, कब करना विश्राम
कब तक चलेगीं सांसे कब तक जायेगा पूर्ण विराम
लिखा दिया भाग्य ने अमिट लेख
या बदल सकता है पुरुषार्थ इसे।
जीवन की दिशाएं है
पूर्व निर्धारित
या तो पथ बदल सकते हैं
चलना इस राह पर जरूरी
या डगर अपनी बदल सकते हैं
ये बंधन, ये काराएं, बंधे हैं इसमें स्वेच्छा से
या है मजबूरी, क्या इनमें से चाहकर भी
निकल सकते हैं
हैं ईश्वर कहीं या कल्पना की है अद्‌भुत रचना
या सभ्यता के विकास के साथ
गढ़ ली हमनें नयी नयी परिभाषाएं
सबके हैं अपने अपने ईश्वर
यदि है, तो
क्या सचमुच मेरे, उनके सबके ईश्वर हैं अलग
क्यों बंदूकों के साये में पलते हैं शांति के स्वप्न
क्यों हो जाती हैं बेबस लोगों की पीड़ाओं के स्वर गौण
क्यों ज्यादातर लोगों के हिस्से में
ही आती है सारी पीड़ाएं
सारी भूख प्यास दुख थकन

जेठ की जलन, पूस की गलन
क्यों कुछ के रहने के लिए
है सुंदर घर, प्रासाद आलीशान
पर जो बनाते हैं घर दूसरों के लिए
उनके सर पर छत ही नहीं
क्यों आज भी वो ठोकरें खाते
फिरते हैं असहाय
इधर से उधर।
प्रकृति का कर लिया हमने दोहन इतना
क्या अस्तित्व संकट में है सम्पूर्ण मानवता का
ये महामारी, ये तूफान, ये भूकम्प, ये बाढ़,
क्या हैं प्रकृति के इशारे।
एक लघु कण ने करवाया है हमें
जीवन की नश्वरता का बोध
मृत्यु जैसे बन गई है, मात्र आंकड़ा
जगती नहीं क्यों अब जैसे संवेदनाएं।
क्यों मात्र कुछ के हिस्से में बिछौने फूलों के
बाकियों के लिए शय्या शूलों की
क्यों कुछ के पेट आज भी हैं खाली
क्यों आज भी होता जाति धर्म रंग रूप
के आधार पर भेद, और
धनवान निर्धन में भेदभाव
क्यों विरोध का एक भी स्वर
शिखर पर बैठे
लोगों को होता नहीं सहन,
क्यों कुछ लोगों के हाथों में होकर रह जाता है सीमित
सम्पूर्ण मानवता का भाग्य
क्यों फैली है इतनी, विषमताएं
क्यों कुछ लोगों के हाथों तक है सीमित,

सारे संसाधन सारे सुख सारी समृद्धि
सारी शक्ति, बाकी है निर्बल निसहाय।
अब बस रहा है
एक नव मायावी संसार, जहां
हर तरफ तैर रहे कितने चित्र
कितनी ध्वनियां
कितने विचार
कितने नव संबंधों का हो रहा सृजन
जुड़ रहे हैं जाने किस के एक दूसरे से तार
कितने संबंध टूटे यहां मात्र ऊंगलियों की क्लिक से।
ये आभासी दुनिया है सत्य, या मात्र आभासी ही
इसमें मेरा स्थान क्या
मन में इतने उमड़ते घुमडते सारे प्रश्नों का उत्तर तो
मिलता ही नहीं
कुछ प्रश्न हल हो जाते हैं
कुछ उलझ जाते हैं और भी
कुछ नये प्रश्नों का होता है जन्म
पर जीवन तो चलता रहता है
इसी खोज के साथ
कि मैं कौन हूं?

8. लगता था कभी

लगता था कभी
जैसे लगता है सबको ही कि
अग्नि सी है प्रज्जवलित रहती थी धमनियों में,
शिराओं में रक्त का प्रवाह तेज रहता था
पावों में चपल बिजलियां दौड़तीं थीं,
हाथों में जैसे लगता था है बसी
धरती को हिलाने की शक्ति है,
मन में रहता था,
समस्त कल्पित अपार संभावनाओं के
सत्य होने का विश्वास।
पर धीरे धीरे समय के साथ
धमनियों की अग्नि राख बन गई
शिराओ का रक्त प्रवाह गतिहीन हो गया
पांवों की बिजलियां मौन हो गई,
हाथ में होता है कंपन निर्बलता से
मुख पर समय की रेखाओं की
स्पष्ट छाप हो रही है परिलक्षित।
समय कितना क्रूर होता है
धीरे-धीरे छीन लेता है हमसे
वो सब कुछ हमारा
जिस पर कभी हम इतराते थे।
फिर जैसे जीवन घूमता रहता है
उन्ही स्मृतियों के घर में।
यही सोचता हुआ
क्या हम कर सकते थे,

क्या हमने करना चाहा,
क्या हमको करना पड़ा
मैं कौन हूं इस प्रश्न के उत्तर के स्थान पर
सोचते रहते हैं मैं कौन था।

9. मौन

कई बार ऐसा होता है
जब हम बहुत कुछ कहना चाहते हैं
उन सबसे, जो होते हैं
हमारे निकट या
जिनके हम होते हैं निकट।
करते हैं हम कल्पनाएं
उन लम्बे वाक्यों की
जो कहना चाहते है।
सोचते है ये कहना, है वो कहना है
ये कह लेगें, वो कह लेगें
ये कहना आवश्यक है
ये बताना जरूरी है
ये जताना जरूरी है
दोहराते हैं, अभ्यास करते हैं
पर जैसे ही वो अवसर आते हैं कहने के
सारे शब्द, सारे वाक्य
कंठ में कहीं अटक से जाते है।
निकलते हैं मात्र
कुछ औपचारिक, ऊबाऊ
घिसे-पिटे वाक्य
और फिर पसर जाता है
एक गहरा उदासीन मौन,
जो टूटता ही नहीं
बल्कि
पसर जाता है

और भी, मन में गहरे कहीं।
बस रह जाती है
इक लम्बी सी चुप्पी।

10. चिट्ठियां

कुछ चिठ्ठियां
प्रेम में, उदासियों में डूबी हुई
आंसुओं से भीगी
लिखीं गई अस्पष्ट अक्षरों में
उनमें उड़ेलीं गई मन की सारी भावनाएं
कहा गया कितना कुछ
दिये गये कितने उलाहने
जताया गया कितना प्रेम
की गई कितनी ही प्रार्थनाएं
बंद भी की गई वो सुंदर लिफाफों में
पर कहीं पहुंच न पाई
क्योंकि उन लिफ़ाफ़ों पर
कभी पते न लिखे गये।

11. चुप रहना

मैं कब कह सका वो सब कुछ तुमसे
जो मैं कहना चाहता था।
ऐसा नहीं कि
मैं चुप रहना चाहता था।
ऐसा नहीं कि, जो मैंने कहा नहीं
वो मैं कहना नहीं चाहता था।
पर कहूं या न कहूं
इसी उधेड़बुन में
बीत गया समय कहने का।
जैसे तुम बांटना चाहती थी
अपने स्वप्न सारे मुझसे
मैं भी अपने सारे सपने साझा
करना चाहता था तुमसे
ऐसा लगा कि हमारे मध्य
कहने की सहजता जैसे समाप्त हो गई है
सुनने की लालसा ही नहीं बची
फिर लगा कि अब क्या कहना,
कितना अर्थहीन हो जाता है
समय बीतने के बाद कहना।
कभी-कभी सोचो तो
खल जाता है
अतीत में अपना चुप रहना।

12. चुप रहने से

तुम्हारी तीक्ष्ण दृष्टि में उभरे
केवल प्रश्नों के जब
काई उत्तर न थे मेरे पास, तब
सिवा एक अर्थहीन मौन के,
असहजता से बचने का
इससे सरल उपाय मुझे नहीं सूझा।
जब संबंधों में प्रश्नों के उत्तर न हों तो
मौन से श्रेयस्कर
हमें कुछ नहीं लगता है,
एक मौन से उत्तर मांग सका है कौन?
कई बार संबंधों में,
कितना कुछ जल जाता है इन चुप्पियों से,
तो कई बार
संबंध बचे रह जाते हैं चुप रहने से।

13. लौटना

लौटना वहां,
जहाँ लौटने की कोई संभावना न हो।
पहुंचना वहां,
जहाँ पहूंचने की कोई चाह न बची हो।
पाना उसे सहसा,
जिसे खोने के बाद,
काभी पाने की कोई आस न बची हो।
कह देना किसी से अचानक,
वो सब कुछ
जिसे कहने का साहस न बचा हो।
पूरी हो जाए वे प्रतीक्षाएं,
जिनके पूरे होने की कोई आशा न बची हो।
बस ऐसी ही
अप्रत्याशित घटनाओं को
घटित होने की आस में हमारा
पूरा जीवन बीतता जाता है।
जो बीता हुआ है, लौटकर आयेगा
जो खोया हुआ है, मिल जायेगा
जो बिखरा हुआ है, उसे समेट लेंगे
जो बिगड़ा है, उसे संवार लेंगे।
जो अस्तव्यस्त है, उसे समेट लेंगे।
कल के लिये बटोरते है, अभी तो
कल के लिये सहेजते हैं,
कल के लिए संजोते हैं।
आज का क्या है, बीतने दो

यूं ही घिसटते
कल जी लेंगे,
अच्छे से, अपनी मनमर्जी से।
आज मान लेते हैं,
औरों का कहा
कर लेते हैं उनके मन का।

14. वर्षों बाद

वर्षों से कहीं लौटने की चाह लिए
जब लौटते हैं हम उस जगह
या किसी के पास
अपनी ठहरी हुई स्मृतियों के साथ,
हमें होती है गहरी निराशा ये देखकर
कि बदल गया है सब कुछ
नहीं रहा कुछ भी पूर्ववत
जानते हैं हम भलीभांति
पल-पल बदलते हुए, भागते समय में
वर्षों बाद
कुछ भी पहले जैसा पाने की आशा, मात्र
एक मृग मरीचिका है
पर हमारा ठहरा हुआ मन ये स्वीकार नहीं पाता।

15. अबूझा दुख

कौन सा अबूझा, अबोला दुख है
जो पैठा जाता है गहरा, इस जीवन में,
बेबात ही जाने क्यों कभी-कभी
छलक जाते हैं आंखों से आंसू,
बैठे बिठाए बेवजह भर आता है दिल।
आवाज में जाने क्यूं पानी भर आता है,
सूख सी जाती हैं आंखें,
सीने में कौन सा अकेलापन
फैल जाता है मरूस्थल जैसे,
भावनाओं की धरती हो जाती है बंजर।
पांव बस जैसे चलते रहते हैं यंत्रवत आगे,
पीछे कहीं छूट जाता है अनमना मन।

16. अप्रासंगिक

बीतते हुए समय के साथ
कितनी बार ये आभास होता है
जैसे बीतते जा रहे है हम भी
हमारी सामर्थ्य चुकती जा रही है
बांहे सच का बोझ उठाने में असमर्थ होने लगीं हैं
पांव बहुत जल्दी थक जाते हैं
उन रास्तों पर जरा सी दूर चलकर ही
जो थोडे से ऊबड खाबड और असमतल हों
अधर चुप्पी साध लेते है वहां भी
जहां बोलना नितांत आवश्यक है
कान कोलाहलो की कर्कशता से घबराकर
स्वतः मुंद जाते हैं
और नहीं सुन पाते
उन स्वरों को भी जिन्हें सुना जाना जरूरी है
आंखे अनदेखा कर देती है उन दृश्यों को
जिनसे असहजता उपजती हो
एक विवशता कुछ न कर पाने की जागती हो
कुल मिलाकर
लगता है तेजी से भाग रहे समय के साथ
सामंजस्य नहीं बैठा पा रहे हैं
अपने अप्रासंगिक होने का डर लगता है
फिर कई बार लगता है कि
अतीत से जोंक की तरह चिपके हुए
हम भी उसी भागती भीड का हिस्सा बन गये हैं
जो दिन-ब-दिन बस एक ही रास्ते पर

चकरधिन्नी की तरह चक्कर काटती है
सुबह उठती है रोते झींकते
और अपनी दैनिक ऊबाऊ दिनचर्या दोहराकर,
थककर रोते झींकते सो जाते हैं।
हमें अप्रासंगिक होने का कोई खतरा नहीं
हम अप्रासंगिक हो चुके हैं
बस स्वीकारना नहीं चाहते।

17. सतही

सोचता हूं कभी-कभी,
तुम्हारे प्रति जो भावो की गहनता है,
कब अभिव्यक्त हो पाई शब्दों में,
शब्दों में कब कहां समा पाई?
सारी अभिव्यक्तियां रह गई
कितनी सतही, कितनी उथली।

18. जो जहां है

जो जहां है वहीं उसकी छटपटाहट,
वेदना, विकलता बस इसलिए कि
वो वहां होना नहीं चाहता, जहां है।
वहां तक पहुंचने का कोई मार्ग
या उसे दिखाई नहीं देता
जहां वो कभी जाना चाहता था,
अगर है सम्मुख भी तो वो
चलने का साहस जुटा नहीं पाता।
उन चाहों और उन साथों की कल्पना
जिनकी कामना कभी पलती थी अंतर में
पर जो मिले ही नहीं
जो मिला उनको वो साथ बना नहीं पाए
जिनकी थी चाह हमें।
जीवन जो हमें देता है
उससे कहां मिलती है संतुष्टि
प्रायः हम सबको ही लगता है
जो हमें मिल रहा है,
हम है अधिकारी
उससे कहीं बहुत अधिक के,
हमें जो मिला
बहुत कम है हमारी योग्यता से।
इस विकलता में कई बार
कुछ लोग कर देते हैं
नये पथों का निर्माण,
तो कई लोगों के लिए

ये बना रहता है
जीवन भर ढोने वाला बोझ,
सालती रहती है जिसकी वेदना
उनको प्रतिदिन जिससे नहीं पाते वो उबर,
रह जाता है जीवन उनका
जैसे एक ही जगह ठहर।

19. स्वयं को छलना

कौन चाहता है,
कसौटियों पर कसे जाना?
कौन चाहता है
निर्धारित मापदंडों के परे जाना?
कौन चाहता है
सीमाओं को लांघना?
कौन चाहता है
बंधनों को तोडना?
कौन चाहता है
समाज से विरोध मोल लेना?
कौन चाहता है
नव पथों पर चलना?
कितना आसान होता है,
जीवन में कसौटियों से बचकर,
मापदंडों के अनुरूप,
सीमाओं के मध्य, बंधनों में जकड़े
एक जीवन जी लेना।
उन्ही पुराने पथों पर
स्वयं को प्रतिदिन दोहराते हुए चलना
चाहे पड़े इसमें कितना ही घुटना,
स्वयं को कितना ही छलना।

20. भटकन

मैं भटक रहा हूं
अपने बीते हुए अतीत में घूमता हुआ
अपने वर्तमान से भागता हुआ
कुछ पराजय की अनुभूति लिए
कुछ थका हुआ, कुछ रुका हुआ
कुछ टूटा हुआ, कुछ बिखरा हुआ
कुछ सहेजता हुआ
कुछ समेटता हुआ
जाने कभी कर पाया वो करता हुआ
बीते समय ने जो खो दिया
उसे पूरा करने के लिए
भागता हुआ, हांफता हुआ
अपने कल्पनाओं में कहीं
अपने भविष्य का यथार्थ गढ़ता हुआ
सीमाएं तोड़ता हुआ
नये पथों पर पांव धरता हुआ
पुराने पथों को छोड़ता हुआ
कुछ तोड़ता हुआ
कुछ जोड़ता हुआ
अपने अन्तद्र्वन्दों और विरोधाभासों से जूझता हुआ
कुछ पुरानी रेखाएं मिटाता हुआ
कुछ नयी रेखाएं खींचता हुआ।

21. अंतर की यात्रा

अपने भीतर ही करता रहता हूं
मैं कितनी यात्राएं,
शांति सारी बसती यहीं
यही उपजे कितने कोलाहल हैं।
कितने पथ है, कितनी भटकन हैं
कहीं छांव है, कहीं जलन है।
है कहीं शीत तो कहीं तपन है
कहीं उत्साह है, तो कही थकन है।
कहीं यथार्थ का कठोर धरातल
तो कहीं कितने कोमल स्वप्न हैं।
ईर्ष्या, घृणा, द्वेष सब है यहीं पैर जमाए बैठे,
यहीं प्रीत के यहीं पुष्पित, पल्लवित उपवन है।
सब कल्पनाएं है जन्म लेती यहीं
होता यहीं स्वयं का सच्चा दर्शन है।
मुक्ति के सब द्वार मिलते यहीं,
यहीं बधे सारे बंधन है।
साहस, शौर्य, धैर्य सब है यहीं
यही सारे भय और कायरपन
हैं सारे तिमिर बसते यहीं
है यहीं, जो भी उजलापन है।
सब दुख हैं इन्हीं पथों पर भटकते
यहीं मिलते सुख के जो भी क्षण हैं।
लघुताएं सब यहीं हैं पलतीं,
असीमित संभावनाओं के खुलते द्वार यहीं,
भविष्य के स्वप्नों के बीज होते अंकुरित यहीं,

कुंठाएं सब यहीं करती निवास
भावनाएं सब जनमती यहीं
कामनाएं जगतीं यहीं
कल्पनाएं लेती आकार यहीं
संबंधों की रखी जाती नींव यहीं
जीवन के सब आधार यहीं।
जो मिला नहीं पथ इन यात्राओं में
वो कब मिले भला जीवन में,
बुने नहीं गये जो स्वप्न यहां
वो सत्य कब भला हुए।
खोजी नहीं गयी जो संभावनाए
वो कब सत्य हुई
रखी नहीं गयी जिन संबंधो की आधारशिला यहाँ
कब भला खड़ी हो पायी गगचुम्बी इमारत उन पर।
गीत जो उगे नहीं अंतर में
कंठ तक भला कब आए।

22. कभी चाहा था

मैंने कभी समाना चाहा था
समस्त आकाश, अपनी आंखों के स्वप्नों में,
पांवों को देनी चाही थीं अनंत यात्राएं,
अंतर में भरने चाहे थे अंगारे,
अधरों पर देने चाहे थे विद्रोह के स्वर,
हाथो में थमानी चाही थीं
जलती मशालें अंधेरा मिटाने के लिए,
पर समय के साथ सब कुछ बदल गया
आंखों में अनंत आकाश की जगह
रह गये बस दीवारें और छत,
अनंत यात्राओं की जगह
पांव एक ही पथ पर करते है
अंतहीन दोहराती यात्राएं,
अंतर के अंगारे,
जीवन के चंद थपेड़ों से ही
राख में परिवर्तित हो गये,
हाथों में कभी जलती हुई मशाले थामी ही नहीं,
कभी-कभी अपराधबोध से मुक्ति के लिए
निकला मैं भीड़ के साथ
सड़कों पर मोमबत्ती थामे हुए।
इतने सब के बाद भी
कभी-कभी मुझे लगता है कि
मेरे अंतर की राख में अब भी
दबी हुई कुछ चिंगारियां शेष हैं।
मेरे पांव इन रास्तों पर चलते हुए भी

कभी-कभी खोज लेते हैं
कुछ ऐसी पतली पगडंडियां,
जिनपर चलने से
कुछ क्षणों के लिए ही मुझे लगता है,
जैसे ये ही तो वो पथ है जिन पर,
कभी चलना चाहता था मैं।
मेरे अधरों से आज भी
कभी-कभी फूट पड़ते हैं
विद्रोह के दबे हुए अस्फुट से स्वर।
कभी-कभी मैं अकेले ही निकल जाता हूं,
किसी सुदूर जगह की यात्रा पर
जहां आज भी निर्मल दिखता है पूरा आकाश,
ऐसी जगहों पर
मैं समा लेता हूं पूरा आकाश अपनी आंखों में।
ये वो कुछ क्षण होते हैं
जब मुझे लगता है,
मैं सचमुच जी रहा हूं
बस साँस भर नहीं ले रहा।

23. निवारण

जिन दुखों के हैं कारण
संभव हैं उनका निवारण।
पर जो दुख उपजे अकारण
उनका हो कैसे निवारण।

24. अपराधबोध

कुछ हृदयों को अनजाने दुखाने
का अनकहा अपराधबोध सालता है,
एकांत के निजी क्षणों में।
बहुत कुछ बिन कहे
रहा जा सकता था।
जो कह न सके
कहा जा सकता था।
अपने दुख, अपनी पीड़ाएं
चुपचाप सहा जा सकता था।

25. होना या न होना

न जाने क्यों
जब बहुत कुछ पाना आसान होता है
चुन लेते हैं हम
सब कुछ खोना।
चुनते हैं औरों के हिस्से की
पीडाएं, दुख और रोना।
जीवन के जटिल प्रश्न कहां सरल
किसे पता क्या अर्थ रखता है
किसके लिए
किसी का होना या न होना।

26. स्वीकारोक्ति

हमारे भीतर
बहुत कुछ ऐसा होता है,
जिसका प्रदर्शन,
जिसकी सार्वजनिक स्वीकारोक्ति संभव नहीं होती,
या उतना साहस ही नहीं होता हमारे भीतर कि
कह सकें हम सब कुछ
हम छिपाकर पालते रहते हैं
बहुत सारा प्रेम, बहुत सारी घृणाएं
कितनी ईर्ष्याएं, कितने द्‍वेष,
कितनी कुंठाए, कितनी लघुताएं
रहते है कितने मुखौटे लगाए
ये सब कुछ कितने आवरणों में छुपाए।
सच न स्वीकारने की पीड़ा भी
अलग तरह की ही पीडा होती है
जो शब्द, जो गीत, जो भाव,
जो चिंताएं, जो दुआएं हैं मेरे लिए
उनकी खुली स्वीकारोक्ति
न कर पाने का दुख भी अलग दुख है।

27. किसी रास्ते पर चलते हुए

किसी रास्ते पर चलते हुए
सुबह शाम
रोज दिखते हैं कुछ अजनबी चेहरे
न कोई बातचीत
न दुआ सलाम
मगर कुछ दिनों के बाद
न जाने कैसे
वो चेहरे जाने पहचाने लगने लगते हैं।
रास्तों पर उनको देखने की
एक आदत सी हो जाती है
जब कभी वो कई दिनों तक नजर नहीं आते
तो एक अजीब सी बेचैनी रहती है
एक फ़िक्र सताती है
कुछ बुरा न घटा हो
मन
मन ही मन, प्रार्थनाएं करता है
उनकी कुशलता के लिए
ऐसे लोगों को दुबारा
उन्हीं रास्तों पर चलते हुए देखना
एक आनंद से भर देता है
ऐसा लगता है जैसे कोई अपना
किसी संकट से बाहर निकल आया हो।

28. धन्यवाद और क्षमाएं

कितनी अजीब सी बात है
हम उलझे रहते हैं
घूमते रहते हैं अपनी सीमित परिधियों में
कभी दे नहीं पाते धन्यवाद उनका
जो कहने को होते नहीं अपने
पर कितने अपने होते हैं।
जो जीवन पथ पर
यूं ही जुड़ जाते हैं हमसे कहीं न कहीं
वो अनजान हाथ जो थामते हैं हर वक्त
वो अनदेखी आवाज़े
जो देती है हौसले हर मुश्किल घड़ी में
करती हैं प्रेरित
गिर-गिर कर भी संभलने के लिए
हो थकें तो भी चलने के लिए।
उन चेहरों को जिनके देखे बिना
सुबहें कुछ अधूरी सी रहती हैं
जिनके होने मात्र से लगता है
जीवन भरा पूरा
जिनकी ऊर्जा से मिलती है जिजीवषा।
कभी हम कर नहीं पाते
क्षमा याचनाएं उनसे
जिन्होंने हमसे निकटताएं चाहीं
पर हम जिनसे दूर रहे
या हम जिनके निकट होकर भी दूर रहे।
उनसे जिन्होनें

हमें जितना स्नेह, प्रेम दिया
लौटा न सके हम उतना भी।
उन कठोर शब्दों के लिए
जो कहे गये क्षणिक आवेश में
पर जो दे गये गहरे घाव
और जिनका पश्चाताप कर न सके।
उन पीड़ाओं के लिए
जो औरों ने सही अकारण, अपने कारण।
उन ठेसों के लिए
जो जाने अनजाने पहुंचायीं गयीं।
वो अर्थहीन अहंकार
जो दिखाये गए।
उनसे मिले स्नेहो का
जिनकी प्रतिउत्तर
कभी दे न पाए चाहकर भी।
उन हाथो से
जो बढ़े हमारी तरफ
कितनी आशाएं लेकर
पर हम उन्हें थाम न पाए।
उन दृष्टियों से
जो उठी हमारी तरफ
कितनी याचनाएं लेकर
पर जिनसे मिलने पर
या तो मुह फेर लिए हमने
या फिर दृष्टि झुका ली।
उन सबंधों से जो बनाए हमने
पर जिनको निभा न पाए।
उन घावों के लिए
जो दिए किसी को हमने

पर जिन पर मरहम कभी लगा न पाए।
उन आंखों से
जिनके स्वप्न हमारे कारण मुरझाए।
उन अपेक्षाओं से जो की गई हमसे
पर जिन पर हम खरे न उतर पाए।

29. आसान कहां है श्वेत होना

किसी ने पूछा था श्वेत हो जाने का मर्म
संभवतः वो भूल गया था
सब रंग समाहित होते हैं सफेद में
सारे रंग जब
अपने व्यक्तिगत अस्तित्व को भूलकर
अपने अहम् को भूलकर
एक दूसरे में मिलते हैं
तब कहीं जाकर जन्म लेता है श्वेत
फिर जब टूटता है श्वेत रंग
तब जाकर बिखरते हैं सारे रंग
जीवन में, संसार में
विज्ञान की भाषा में
सरल शब्दों में अगर कहें तो
जो रंग परावर्तित होकर आते हैं
हमारी आंखों तक
देख पाते है बस हम यही रंग
या उन चीजों को उन्ही रंगों में
हम देख नहीं पाते हैं वो रंग
जो प्रकृति में बिखरे कितने अवयव
कर लेते हैं अवशोषित
पर हम मनुष्य कर नहीं पाते हैं ऐसा
हम हर बात
हर चीज, हर घटना
हर शब्द में
भर लेते हैं अपने रंग

अपनी कल्पनाओं से
अपनी भावनाओं से
अपने पूर्वाग्रहों से
अपने दुराग्रहों से
और देखते हैं वो
जो हम देखना चाहते है
या जो हमें देखना सुहाता है
बस इस चक्कर में छूट जाते हैं
कई बार हमसे वो रंग जो होते हैं
या हम देखने लगते है वो रंग
जो वहां होते ही नहीं
अगर सीख ले हम श्वेत होना
करके समाहित सारे रंग
या बिखेर सकें वो सारे सात रंग
जो समाहित हैं सफेद रंग में
हमारे अंतर में
तो शायद हम सीख जायें जीना।
पर सही अनुपात जरूरी है
पर हम कहां कर पाते हैं ऐसा
अक्सर हमारे सारे अनुपात गड़बडा जाते हैं
आसान कहां होता है श्वेत होना

30. मध्य हमारे

मध्य तुम्हारे हमारे
परिचय- अपरिचय के बीच
कितना कुछ
कुछ सुना कुछ अनसुना
कुछ कहा कुछ अनकहा
कुछ सच कुछ सपना
कुछ पराया कुछ अपना
कुछ अंधियारा कुछ उजियारा
कुछ पीड़ाएं कुछ प्रसन्नताएं
कुछ आशंकाएं कुछ संभावनाएं
कुछ शब्द कुछ गहरे मौन
कुछ आगे कुछ पीछे
कुछ साहस कुछ बेबसी
कुछ अपराधबोध कुछ बेबाकी
कितना कुछ है घटता
कौन किसे समझाता
पथ तेरे कितने अलग
कितने अद्‌भुत सपनों से भरे
मेरे पथ अलग
क्यों दो इतने अलग पथ मिले
किसे समझ कौन समझाए
पर ये सच है तो है समझना
लक्ष्य तुम्हारा, सपने तुम्हारे
इनसे विचलित तुम्हें कोई भी क्यों करे
तुम्हारे चमकते सपने सुनहरे

जो फिर से हुए हैं हरे
अब मुरझाये क्यों
सूखे क्यों, अपनी शाखों से क्यों झरे?

31. सहारा

लम्बी थकान भरी
ऐसी अनिश्चित यात्राओं से गुजरना
जिसमें कदम कदम पर
आपके सहयात्रियों का साथ, उनका हाथ
छूटता जा रहा हो
एक पीड़ादायी अनुभव है।
जीवन की निर्मम अनिश्चितता
जब सामने प्रश्न के रुप में खड़ी हो,
कितने जीवनों को असमय मिटते देखने की
एक असहाय विवशता हो।
तब ऐसी ही कठिन यात्राओं में
हमें पता चलता है कि
दूसरों के साथ चलने का क्या अर्थ होता है।
यात्रा के कठिन मोड़ों पर
एक दूसरे का हाथ थामकर
संभालने का मतलब क्या होता है।
क्या होता है अर्थ
थककर टूटकर साथ विश्राम
पीड़ा की घड़ियों में
एक दूसरे के आंसू पोछने का,
थके पांवों को सहलाने का,
एक दूसरे के ज़ख्मों पर
मरहम लगाने का,
एक दूसरे का संबल बन जाने का।
तब ही तो

हमें समझ आता है ये कि
सुख में, सामान्य स्थितियों में
हम चाहे जैसे रहें, चाहे जैसे जिएं
किसी से कोई संबंध रखें न रखें
जितना चाहे भोग लें अपना एकांत
पर दुख की, वेदना की
असहाय विवशताओं के कातर क्षणों में
हमें चाहिए ही होता है
औरों का साथ, थाम लें हमें ऐसे हाथ,
सर रखकर रो सके ऐसे कंधे, और
औरों का सहारा
हम चाहे अपने मुंह से कहें न कहे
भले ये सत्य स्वीकारें या न स्वीकारे।

32. उत्तर

मेरे कान सुनते हैं न जाने कितने स्वर
मेरी दृष्टि पढती है
न जाने कितनी दृष्टियों की भाषा।
मेरे हृदय तक पहुंचता है जितना स्नेह, प्रेम
यह प्रायः भर देता है मुझमे
एक क्षण में अनिवर्चनीय सुख
पर अगले पल ही कर देता है उदास मुझे
नहीं है मेरी पात्रता
नहीं हूं में अधिकारी
जो मिल रहा है उसके शतांश का भी।
पर फिर भी
उन समस्त स्नेहों को समेटकर रख लेता हूं मैं
हृदय की अतल गहराइयों में
किसी कंजूस की तरह
जो रख लेता है अपनी सारी जमापूंजी
एक बंद तिजोरी में
और छुपाकर रखता है सबसे उसकी चाभी।
मैं नहीं चाहता लेशमात्र भी खोना उसे
जो मिल रहा है।
बस दुख इस बात का है कि
नहीं दे सकता मैं उत्तर
उन सारे स्वरों का
जो पहुंच रहे मेरे कानों तक
ये भ्रम भी हो सकता है।
नहीं मिला सकता दृष्टि मैं

उन दृष्टियों से देने को उत्तर
जिनमें है भाव मेरे लिए स्नेह के
प्रेम का उत्तर
तो संभव ही नहीं है।
ये समझना
मेरे भ्रम की पराकाष्ठा हो सकती है।
पर कितना दुखदायी होता है
इतना सब कुछ लेकर
एक स्वार्थी की तरह कुछ भी न लौटाना।
कई बार जानते हैं हम,
जो मिल रहा है हम
उस लेशमात्र पात्रता नहीं है हममें,
पर अपनी अपात्रता जानते हुए भी
जो मिल रहा है उसे ठुकरा देना
एक निष्ठुर साहस का काम है,
वो भी तब जब वो स्नेह और प्रेम हो
भले ही दूर से, भले ही हो कल्पनाओं में।
एक अकिंचन से कोई कैसे आशा कर सकता है
की वो किसी भी अमूल्य चीज़ को ठुकरायेगा।
अमूल्य अभौतिक उपहारों का प्रतिदिन
सम्भव ही नहीं है।

33. स्मृतियां

कहते हैं सब
बंजर हो गयी है
मन की सारी धरती
जिस पर कभी
सपने उगते थे
मुरझाया वो सारा उपवन
जिसमें इच्छाओं के कितने
कोमल कुसुम खिला करते थे
बीता समय वो सब
जब हृदय में पलती थी प्रीत
जब अधरों पर रहते थे कितने ही गीत
क्यों धरती बंजर हो जाती है?
क्यों मन मरुस्थल हो जाते है?
क्यों सूख जाती है नदियां?
क्यों आखों के सपने मुरझाते हैं?
क्यों गुलाब की जगह कैक्टस उग आते हैं!
क्यों आंखों के बादल सूखे-सूखे
बिन बरसे रह जाते हैं?
क्यों नहीं जिन्होंने हमें भुला दिया पल में
हम उन्हें भुला नहीं पाते हैं?
ढोते रहते हम उनकी स्मृतियों का बोझ
दुख को अपने सीने से लगाये
सोचते बस यही
क्या
रह गया है शेष

अब भी कुछ बाकी
या भग्न अवशेष जो हैं बचे
विगत समय की हैं बस झांकी।

34. तुम्हारा हृदय में विस्तार

तुम आये मेरे जीवन में चुपचाप
नयनों के द्वार से होते हुये
समा गये मेरे हृदय की अतल गहराइयों में
करते रहे निरंतर अपना विस्तार
फिर एक दिन अचानक
जैसे तुम आये थे
वैसे ही चले गये जीवन से
बिन कुछ कहे
बिन कुछ सुने
पर जो तुमने घेरा है मेरा हृदय
वहां से नहीं गये
न हटे ही तुम वहां से
मैंने सोचा न था कभी
कि कोई अपरिचित, अनाम
कर सकता है कभी मेरे हृदय में
इस तरह अतिक्रमण
मैं तुम्हें झटककर दूर फेंकना चाहती हूं
अपने हृदय से, दूर बहुत दूर
पर मैं क्या करू
अब तुम समा नहीं पाते मेरे हाथों में
छिटक जाते हो बार बार
कर लिया है तुमने विस्तार इतना
मेरे अपने हृदय पर अधिकार इतना।

35. लौटना स्मृतियों में

डूबती हुई सांसों में छुपे हुए कुछ स्वर,
थके हुए मगर
जीवन की गरिमामयी आभा से ओतप्रोत
कभी कुछ मौन से, कभी कुछ बोलते,
धुंधलाती स्मृतियों से लाते,
ढूंढकर कोई बीता हुआ किस्सा,
भरा हुआ कितने ही भावों से,
दोहराते हुए, चमकने लगती है आंखे,
कांपने लगती है आवाज,
मन लौट जाता है,
पार कर समय की सीमाओं को,
जीवंत हो उठते हैं दृश्य सब पुराने,
जी उठते हैं खोये सब संगी साथी,
भोगे दुख तबके नम कर देते हैं
अब भी आखें,
विहल कर देते हैं हर्ष के बीते हुए पल।
जाग उठते हैं बीते हुए स्वप्न,
उन वीथिकाओं में
भटकने लगता है मन
जहां कभी चले थे पांव।
आह बीते हुए समय में लौटना
कितना अच्छा लगता है।
कई बार बीते हुए दुख की स्मृतियां
वर्तमान में देकर जाती हैं सुख कितना।

36. विश्राम

चाहता हूं मैं,
चाह है मेरी
तुम रहो प्रतीक्षारत,
जब मैं आऊं चलकर,
कंटीली, पथरीली राहों से
रेतीली राहों में तपकर
लहुलुहान, छाले भरे, रक्तरंजित पांव लिए,
तब सुस्ताऊंगा मैं
बैठकर घड़ी भर तुम्हारे पास
रखकर तुम्हारी गोद में सर अपना।
तुम बस रख भर देना,
मेरे घांवों पर अपना हाथ,
कर देना, होंठों से हल्की सी हवा,
सहला देना, हौले से मेरे माथे को
फेर देना, मेरे बालों में ऊंगली
कानों में फूंक देना, अपना प्यार।
बस इतने भर से ही,
भर जायेंगे मेरे सारे घाव,
मिट जायेगी मेरी सारी थकान,
हो जाऊंगा मैं तैयार
फिर किसी नयी यात्रा के लिए।
जानता हूं यह स्वार्थ भरी कामना है
अपने संघर्षों की थकान मिटाने को,
देकर किसी को जाना
वर्षों की प्रतीक्षा का बोझ,

पर कौन नहीं चाहता
अपनी थका देनी वाली यात्रा के उपरांत
ऐसा ही विश्राम।

37. तुम्हारी स्मृतियां

मन की दीवारों के कोनों में
लगा रखी है मैने कितनी खूंटिया
जिन पर टांग रखी है
मैंने तुम्हारी स्मृतियां
तुम्हारे होने न होने से
अब मुझे कोई
अंतर नहीं पड़ता
जब जी चाहे
जैसा चाहे
वैसा पल
मैं जी लेता हूं
उतारकर उन खूंटियों से
वैसी ही कोई भी स्मृति
फिर टांग देता हूं वापस
उन्हें उन खूंटियों पर
किसी और दिन के इस्तेमाल के लिए
सोचता हूँ कभी जब तुम
वापस आओगी
तब तुम्हें दिखाउंगा
उन खूंटियों से उतार उतारकर
एक एक स्मृतियां
तब तुम समझ पाओगी
कि मैंने तुमसे
कितना प्यार किया था
लौटना कब होता है आसान

छोड़ी हुई जगहों पर
कब सरल होता है
छूटे हुए संवाद कायम करना,
कब आसान होता है
छूटे हुए सबंधों के सिरे फिर से पकड़ना,
कब आसान होता है
टूटे हुए संबंधों को पुनः जोड़ना,
कब संभव होता है कभी
जीना बीते हुए पलों को।
आने वाले कल से आने वाले पल से,
जो आया नहीं
आयेगा भी या नहीं
ये जानते हुए भी
न जाने क्यों
रहती है हमको आस इतनी
कि हम बिना पश्चाताप खोते रहते हैं
अपने आज को,
कुछ इस तरह
कि खोने का दुख भी होता नहीं।
जब तक दुख जागता है,
पश्चाताप का मन करता है
तब तक,
हो जाता है विलंब इतना
कि कोई अर्थ नहीं रह जाता
पश्चाताप का भी।

38. गहरी सी उदासी

सब दिवस एक जैसे न हुए
जैसे चाहा वैसे न हुए।
भोर लाई
आशा की अनगिनत रश्मियां
पर संध्या आते-आते
जाने क्यों घिर आई
गहरी सी उदासी।
न जाने क्यों सांध्य की उदासी
फैल जाती है उन रात के सीनों पर
जब हम अकेले होते हैं
बेहद अकेले,
बस स्वयं के साथ
वो वक्त जब
पलकों की कोरे बेवजह नम हो जाती है
हम चाहते हैं उनके साथ होना
जिनके साथ हम हो सकते हैं
जो नहीं है हमारे पास
या उनके साथ
जिनके साथ हम हो नहीं सकते
पर चाहते हैं होना

39. स्वांत: सुखाय

इन दिनों मैं अपराध बोध से ग्रस्त नहीं होता,
मैं अपने ही एकांतों में
अपने आह्लाद ढूंढ़ता हूं।
अपने गीत रचता हूं,
औरों के रचे गीत गाता हूं,
अपनी धीमी और बेसुरी आवाज के
माधुर्य पर मोहित हो जाता हूँ।
अपनी समस्त मूर्खताओं पर
लज्जित होने की जगह
मंद-मंद मुस्कुराता हूं।
अपनी सारी इच्छाओं
सारे स्वप्नों को जी लेना चाहता हूं
बड़ी-बड़ी बातों पर
छोटी प्रतिक्रियाए भी नहीं देता,
राजनीति पर चीखती चिल्लाती बहस से भी
थोड़ा भी उत्तेजित नहीं होता ।
मैं किसी को दुखी नहीं करता
पर कोई अनावश्यक
यदि मुझे अपने दुखों का कारण मानता है
तो भी मैं उनको नहीं स्वीकारता।
मैं अपने छोटे छोटे कार्य कर
किसी नन्हे शिशु सा
प्रसन्न अनुभव करता हूं।
मैं इन दिनों अत्यंत स्वार्थी हो गया हूं
और मात्र स्वांतः सुखाय जी रहा हूं।

40. उम्मीद

जाने, न जाने क्यों
हम कुछ उलझे हुए सिरों को
पकड़ कर रखते हैं,
बस इस उम्मीद में कि
शायद वो सिरे कभी सुलझ जायें,
सिरे सुलझते ही नहीं
पर हम उलझते जाते हैं।
कुछ ऐसे ही होते हैं
टूटे हुए, छूटे हुए
टूटते हुए संबंधों के सिरे
जिन्हें हम
पकड़कर रखना चाहते हैं
बस इस आशा में कि
शायद सब कुछ पूर्ववत हो जाए।
शायद जो उलझा है यो सुलझ जाए
जो टूटा है वो फिर से जुड़ जाए
जो गया है शायद वापस मुड़ जाए।

41. ईश्वर

सभ्यता की सीढियां चढ़ते हुए
हमने गढ़े ईश्वर सारे,
फिर कहा, ये हमारे ये तुम्हारे,
खड़ी की ऊंची-ऊंची दीवारें।
कहा तुम पूजो अपने ईश्वर
हम पूजेंगें अपना,
अपने ईश्वर की श्रेष्ठता का दम भरा
उन लोगों ने
जिन्होंने गढ़े थे ईधर
या जिन्हें करना था नियंत्रित
आसानी से लोगों को बिना किसी प्रतिरोध।
उन्हें आसान लगा
लोगों को भेड़ बकरियों की तरह
ईश्वर के नाम पर झुंड में हांकना
उन्हें कहना कुछ भी कुछ भी करने के लिए,
अपने ईश्वर की महानता सिद्‌ध करने के लिए।
ईश्वर के नाम पर
कितने युद्‌ध लड़े गये,
कितना रक्तपात, कितना नरसंहार हुआ
जो आज भी ज़ारी है।
यदि है तो
भला कौन ईश्वर इतना होगा हृदयहीन
जो ऐसा चाहेगा?
पर आज भी हो रहा है यही
जो होता चला आ रहा है सदियों से

और
अब तो कितने ईश्वर हैं
और कितने उनके चाहने वाले।
किसने गढ़े ईश्वर
विस्तृत, विशाल राजपथ
कब आते हैं मिलने
सूनी, सिमटी पगडंडियों से।
शिखरों के कंगूरे
सुन कहां पाते हैं
नींव के पत्थरों के क्षीण स्वर।
संसार में सदियों से
ऐसा ही होता आया है
कुछ लोगों के हाथों में ही
रहता है निर्णय
सबके जीवन के भाग्यों का
बीच-बीच में दिलासाएं
आती जाती रहती है
बाकी सबके भाग्य रहते हैं
ईश्वर के भरोसे।
सोचता हूँ कभी-कभी
किसने गढ़े इतने सारे ईश्वर
उन्होंने जिनके हाथों में थे भाग्य सबके
उनको बहलाने के लिए
जिनके भाग्य थे क़ैद
या उन्होंनें जिनके भाग्य थे क़ैद
किन्हीं और मुट्ठियों में
क्योंकि उन्हें भी कुछ तो चाहिए था
अपनी सांत्वनाओं के लिए
अपनी दिलासाओं के लिये

अपने विश्वास के लिए।

42. ईश्वर और मनुष्य के दुख

प्रायः हमें रहती है शिकायत
कि ईश्वर नहीं देखता हमारे दुखों को
हमें जैसे भूल जाता है रचकर
देख नहीं पाता संसार में व्याप्त
असमानताए, अन्याय, अनाचार, अत्याचार
दुखों और कठिनाइयों के बोझ तले
कीड़े मकोड़ों सदृश जीवन बिताते हुये लोग
जिनके जीवन मृत्यु से कोई फर्क नहीं पड़ता किसी को
मुरझायी आंखों वाले उदास लोग
जिनकी आखों के सपने मर गये हों
जो घसीट रहे हों अपना जीवन
क्योंकि मरने का साहस वो जुटा नहीं पाते
या ईभर की दी हुई इस शानदार नेमत को
समाप्त करने का अधिकार नहीं उन्हें।
सब सत्य है
नहीं डालता ईश्वर पलटकर एक भी दृष्टि
इन सब बातों पर क्योंकि ईश्वर सब कुछ
सारी घटनाएं समभाव से है देखता
उसे तुम्हारे सुख-दुख का भेद
उसके लिये जैसे तुम्हारे सुख
वैसे ही तुम्हारे दुख
इस सुख-दुख, पीड़ा-हर्ष में विभाजन की दृष्टि
उसने दी है हमें
पर कहां हम ही समझ पाते हैं
देख पाते हैं, महसूस कर पाते हैं

पर दुख पर पीड़ाओं को
इस दृष्टि का हम कर लें यदि विस्तार

43. पथ

दुर्गम थे पथ हमारे पर दुर्जेय नहीं थे
पर हम तो लड़ने से पहले ही हारे थे
और किसी का दबाव न था उन पर सारे असत्य
हमने स्वयं ही स्वाकारें थे
कहते थे बोझ बहुत है अनचाहे पथ पर चलने की पीड़ाओं का
जो उचित जो अस्वीकार्य उसे स्वीकारने की विवशताओं का
जो व्यक्त न कर पाये उन वेदनाओं का
पर ये झूठ है छलावा था
महज एक दिखावा था
विवशताओं की ओढ़ मुखौटे की तरह
बस अपने लिये सुख और साधन जुटाया है
और अपने पराजित होने के एहसास को छुपाया है

44. अब उड़ो

नोचकर कर पंख सारे, वो कहते हैं
कि जाओ तुम्हें आज़ाद किया
उड़ो अब जी भर गगन में
कि सारा आकाश तुम्हारा है

45. ओ अपरिचित

ओ चिर-परिचित-अपरिचित
तुमसे परिचय है कितना गहन
तुम बिन बोले
बस शब्दों से ही जैसे पढ़ लेते हो सारा मन
क्या रखा है मिलने की औपचारिकताओं में
जब सब लगता है सुखद
भविष्य में कभी
एक अकस्मात भेंट की प्रबल संभावनाओं में
जब होंगे सम्मुख हम-तुम
और करेंगे एक मौन मुलाकात
तब तक तुम अपने पथ
मैं अपने पथ चलता हूं
तुम जो कहोगी मुझसे मैं सुन लूंगा
तुम भी सुन लेना
मैं जो अस्फुट स्वर में कहता हूं।

46. चिराग जलने चाहिए

कोई कारवां तुझे मिले न मिले
कोई साथ तेरे सफ़र में चले न चले
निग़ाहों में तेरे कोई ख़्वाब पले न पले
दिल तेरा सोयी चिंगारियों से जले न जले
रुह के पैबंद तेरे सिले न सिले
जिस्म के दर्द तेरे पिघलें न पिघलें
कदम बस तेरे चलने चाहिए।
कुछ आवारा से ख़याल
दिल में मचलने चाहिए
जहां को दिखे न दिखे कोई फ़र्क नहीं पड़ता
तेरे मन में कुछ चिराग़
रोशनी के हमेशा जलने चाहिए।

47. तुम्हारी उपस्थिति

पता नहीं क्यों
पर आजकल
मुझे तुम्हारे शब्द, तुम्हारी बातें
आश्वस्त नहीं कर पाती,
पहले तुम्हारी उपस्थिति से
मेरा विश्वास बढ़ जाता था
पहले तुम्हारे शब्दों पर
जैसे मुझे अटूट विश्वास हो जाता था
तुम्हारी हर कही बात मुझे भरोसा दिलाती थी
पर अब ऐसा नहीं होता।
हमारे मध्य बहुत कुछ बदल सा गया है
मेरे मन में
कुछ अकुलाहट सी, कोई व्याकुलता सी रहती है
कुछ अघटित
घटित होने की आशंकाएं
हर समय मुझे घेरे रहती है।
पता नहीं क्या कुछ बदल गया है
तुम, मैं या फिर समय
पर है सत्य है यही कि
तुम्हारी बातें, तुम्हारे शब्द
तुम्हारी उपस्थिति
अब मुझे आश्वस्त नहीं करतीं।
मैं जानता हूं कि मेरी उपस्थिति से
कोई खास फ़र्क नहीं पड़ता यहां,
पर यहीं रहना चाहता हूं मैं

अपनी
नगण्य महत्वहीन उपस्थिति के साथ।
कुछ अनुपस्थितियां
कितनी हमको चुभती है
कितनी हमको खलती है
हम कर नहीं पाते व्यक्त
पर रहते है चिंतित
उनके लिए भी
जिनसे नहीं होता है कोई रक्त संबंध
होता है कोई सम्मुख वार्तालाप
बस उतना होना ही
एक अनकही अजीव सी
आश्वस्ति प्रदान करता है
उनका न होना कुछ खटकता है।
लगता है कुछ मौन संवाद
रुक से गये हैं
पूरी तरह मौन हो गये हैं।
हर अनुपस्थिति का
कोई न कोई उचित कारण होगा,
हर मौन के पीछे भी
कोई अभिप्राय छुपा होगा,
किसी के कुछ न कहने का भी,
कोई न कोई तो अर्थ होगा,
पर इस भागते
कोलाहल भरे प्रदर्शन के समय में,
कौन जानना चाहता है,
किसी की अनुपस्थिति का कारण,
किसी के मौन का अभिप्राय,
किसी के अनकहे का अर्थ।

48. शेष है जीवन तुम्हारे अंदर

दहला देने वाली अमानवीय यातनाओं के,
युद्‌ध की विभीषिकाओं के,
जीवन में व्याप्त विषमताओं के,
जग में व्याप्त असमानताओं,
भेदभाव, अत्याचारों,
अनाचारों के दृश्य, उनकी खबरें,
यदि थोड़ी सी भी संवेदना, दया,
करुणा जगाते हैं तुम्हारे भीतर
तो समझना, शेष है जीवन तुम्हारे भीतर
अब भी धड़कता है तुम्हारा हृदय।
यदि मिलती हैं तुम्हारी आंखे किसी से
और कर लेते हो तुम मौन संवाद,
तो समझना अब भी है प्रेम तुम्हारे भीतर,
अब भी अपार संभावनाएं शेष है,
बदल सकते हो तुम बहुत कुछ
अगर चाहो तो।

49. क्यों लड़े जाते हैं युद्‌ध

क्यों लड़े जाते हैं युद्‌ध?
युद्‌ध लड़े जाते हैं सीमाओं के विस्तार के लिए,
युद्‌ध लड़े जाते हैं प्रतिकार के लिए,
युद्‌ध लड़े जाते हैं अधिकार के लिए,
युद्‌ध लड़े जाते हैं अहंकार के लिए,
युद्‌ध लड़े जाते हैं स्वाभिमान के लिए,
युद्‌ध लड़े जाते हैं स्वाधीनता की रक्षा के लिए।
युद्‌ध लड़े जाते हैं अस्तित्व के आधार के लिए।
युद्‌ध जन्म लेते हैं कितनी ही बार
वर्षों के अनसुलझे विवादों से,
वर्षों के शोषण की अपमान जनित पीड़ा से।
युद्‌ध जनमते है,
शासकों की मूर्खता और अहंकार से,
जब उन्हें अपनी महानता का
झूठा दंभ होता है और
दूसरे की क्षुद्रता का झूठा भ्रम,
फिर वो निकल पड़ते हैं
सब क्षुद्रो को,
उनकी क्षुद्रताओं से मुक्त कराने
जो यह तभी संभव है,
जब वो सब हों उसके शासन के अधीन।
युद्‌ध लड़े जाते हैं
पुरानी पराजय के प्रतिशोध के लिए
पराजय को जय में बदलने के लिए।
किसी संभावित खतरे की आशंका भी

कितनी बार ही
कारण होती है,
युद्‌ध की शुरुआत का,
शत्रु के आक्रमण से पूर्व ही
उस पर आक्रमण करने की प्रथा पुरानी है।
युद्‌ध जब थोप दिए जायें तो
क्या रह जाता है विकल्प?
सिवा लड़ने के
या बिना लड़े घुटने टेक देने के।
बिना लड़े
शायद ही कोई व्यक्ति या राज्य
करना चाहता है ऐसा समर्पण।
एक बार जब
प्रारंभ हो जाता है युद्‌ध तो,
ध्वस्त हो जाते हैं,
नैतिकता के सारे नियम,
धरे के धरे रह जाते हैं,
मानवता के सारे आदर्श।
हर युद्‌ध का होता है
बस एक ही लक्ष्य,
जय अपनी, विजय अपनी
शत्रु की पराजय,
वार ऐसे कि,
हो शत्रु को पीड़ा असहा,
पर्षों तक सहलाता रहे
शत्रु घाव अपने।
युद्‌ध का कारण कुछ भी हो,
युद्‌ध का परिणाम कुछ भी हो,
सत्य तो है यही,

घाव दोनों पक्षों को लगते हैं
शव दोनों पक्ष ही ढोते हैं,
कितने अपनों को दोनों पक्ष ही खोते हैं
दुख में दोनों पक्षों के लोग रोते हैं।

50. इतिहास विजेताओं का

अगर इतिहास लिखा गया
या लिखवाया जाता है
विजेताओं द्‌वारा,
तो निश्चय ही होगा उसमें महिमा मंडन
उनका या उनके योद्‌धाओं का,
नहीं होगा कहीं भी उल्लेख
उनकी क्रूरताओं का,
उनके द्‌वारा की गयी हत्याओं का,
उनके सैनिकों द्‌वारा किए गए
अनेक बलात्कारों का।
विस्मयकारी होता है कि
ऐसे इतिहास में
युद्‌ध की समाप्ति के पश्चात
शासकों की
क्रूरताओं की थोड़ी सी कमी
एकाध किसी को
जीवनदान देने की घटना को
उनकी उदारता के रूप में
महिमा मंडित किया जाता है।
ऐसे इतिहास में कहां होता है और
उसमें कहा भला उल्लेख होगा,
पराजित योद्‌धाओं का,
उनके अदम्य साहस का,
उनके शौर्य और पराक्रम का,
उनके सैनिकों के प्रबल पराक्रम का,

उनके नागरिकों के जुझारूपन का
उनकी नारियों के अद्भुत साहस और धैर्य का।
ऐसे इतिहास में भला कहा जिक्र होगा
युद्ध के बाद का
पराजित योद्धाओं के बच्चों का,
जो युद्ध की विभीषिका के बाद भी,
हंसना नहीं भूलते,
उनकी स्त्रियों का,
जो अपनी देह पर,
अपने मन पर
न जाने कितने घाव सहकर भी,
जीवन को पुनः जीवन बनाती है।

51. आभासी संसार

आभासी पथों पर
डोलती हैं कितनी ही छायाएं।
कितने स्वर हैं यहां गूंजतें
कितने युद्ध अब लड़े जाते यहां
यहां है अब सैनिक और सेनाएं।
कितने सत्य अब गढ़े जाते यहां
कितने झूठों को दी जाती यहां हवाएं।
यहां पलती है कितनी ही संभावनाएं
यहीं से जन्म लेती है कितनी ही घटनाएं।
कितनी ही बार छुपे सत्य
होते हैं उजागर यहीं से
छद्म आवरणों में लोग यहां रहते
अपना असली रूप छिपाए।
यहीं से कितनी ही बार मिलती है
जिनको आवश्यकता है उनको सहायताएं।
यहां से जग जान पाता है
कितनी ही छुपी हुई कथाएं।
यहां से लोग सुना पाते हैं
अपनी वेदना और औरों की कथाए।
जिनके स्वर नहीं है या है क्षीण
उनके स्वर को भी मिलता स्वर यहां
कितने कल्पित संबंधों की निर्मिति होती यहां
यहीं पलने लगती है कितनी भावनाएं।
यहां से फैलते हैं प्यार के संदेश
यहां से फैलती है घृणाएं।

कितने मिथक ध्वस्त हो जाते यहां
टूट जाती है यहां कितनी ही मान्यताएं।
यहां कितने ही लोग देते हैं
और कितने ही लोग पाते हैं प्रेरणाएं
जिनके हाथों में मोबाइल है
वो भला इसके आकर्षण से कहां बच पाए।
इस मायावी संसार के बंद होने से
पलती है मन में कितनी आशंकाएं,
कैसे मिलेंगे उनसे प्रतिदिन
जिनसे मिलना जीवन मे
संभवतः कभी संभव न हो पाए।
कैसे उनके शब्दों को सुनेंगे
कैसे स्वर समझेंगे
कैसे उनका मौन पढेंगे
कैसे देख भला भला पायेंगे
लघु जीवन में छुपी हुई अनंत संभावनाए।

52. युद्ध

इस आभासी संसार में
वो कहते हैं अपनी अदृश्य फौजों से
कि चलाएं शब्दवेधी बाण
मारने के लिए नहीं,
बस करने को आहत मन
क्षत विक्षत आत्मा।
सक्रिय करते हैं उन सारी शक्तियों को
जो हैं उनके नियंत्रण में
करने के लिए निर्मम प्रहार
जो तोड़ सके उनके विरोधियों का आत्मविश्वास
करा सके उन्हें अपराधबोध
जो कर सके विवश मैदान छोडने पर उन्हें
घायल मन लेकर
खंडित विश्वास लेकर
क्षतविक्षत आत्मा लेकर।
वो रहते हैं दूर
नेपथ्य से
इन सारे दृश्यों का अवलोकन करते
अपने हाथ साफ रखते हुये
अपना मन और आत्मा
दोनों निर्मल रखते हुये
क्योंकि उन्हें हार स्वीकार नहीं
जीत की उन्हें आदत है

53. दृश्य

देखता हूं
आज जब दृश्य इतने वाह्‌य
टूटी हुई कितनी ही सांसे,
सागर सी पीडाओ को समेटे,
न जाने कितने ही मन।
मिट गये
एक लघु अदृश्य कण के कारण
न जाने कितने जीवन।
असमय की मृत्यु ने छीनी कितनी सांसें
मुरझाए असमय न जाने कितने ही जीवन।
नीर भरे न जाने कितने नयन
वेदनाओं से व्यथित, विकल, विह्‌वल
न जाने कितने ही मन।
बस सोचता हूँ मैं यही
आना क्या, जाना क्या
चलना क्या, रुकना क्या
थकना क्या, सुस्ताना क्या
ठहरना क्या, चले जाना क्या
खोजना क्या, पाना क्या
उनका क्या, अपना क्या
दुख क्या, सुख क्या
खोना क्या, पाना क्या
बनाना क्या, मिटाना क्या
संजोना क्या, लुटाना क्या
उभरना क्या, डूब जाना क्या

संवरना क्या, बिखरना क्या
अश्रु बहाना क्या, मुस्कराना क्या
जताना क्या, छुपाना क्या
रह जाना क्या, चले जाना क्या
न आने पर इस जग में अधिकार कोई
न जाने पर इस जग से कोई नियंत्रण
फिर इतराना क्या
और इठलाना क्या?
(कोविड के समय लिखी गयी कविता जब आपको अपने चतुर्दिक हो रही मृत्युओं से जीवन की क्षणभंगुरता का एहसास होता है)

54. श्रद्धा

कभी-कभी जब मैं पढ़ता हूं
मौल में, ट्रेनों में, सड़कों पर
या किसी अन्य जगह पर
जहां सामान्यतया ऐसा कुछ नहीं होता,
अपने-अपने ईश्वर के प्रति श्रद्धा का प्रदर्शन।
तब मैं सोचता हूं कि काश,
ऐसी सामूहिक श्रद्धा का
खुला प्रदर्शन करने वाले लोग
रखते ऐसी ही अगाध श्रद्धा
मनुष्य और उसकी मनुष्यता में भी।

55. अक्षम्य

अक्षम्य हो जाती है
हमारी वो चुप्पियां
जो टूटती नहीं तब भी
जब कितना कुछ
मर रहा था, जल रहा था,
टूट रहा था, बिखर रहा था
जिसको बनाने में, सजाने में, समेटने में
सालों साल लगे थे।
हमारी चुप्पियां टूटती तो
शायद बच जाता
बहुत कुछ जो उस समय
नहीं जला था, नहीं टूटा था,
नहीं बिखरा था, नहीं मरा था।

56. ये जली हुई बस्तियां ये टूटे हुए घर

यह उजड़ी-उजड़ी वीरान पड़ी बस्तियां
ये जले हुए, टूटे हुए न जाने कितने घर।
ये सहमी-सहमी सी उदास ज़िन्दगियां
ये आखों में उतरे खौफ़ के बीते हुए मंज़र।
ये लबों पर बसी नम आवाज़े
दिल में अश्कों के कितने समंदर।
इनके दर्द का अंदाजा तो लगाओ
ढंग से पूछो कभी हाल तो जाकर।
इनके टूटे हुए भरोसे कायम तो करो
दिखाओ दरमियां खड़ी नफ़रत की दीवारें गिराकर।

57. उदास मृत्यु

वो लोग कौन थे
जो रात को फुटपाथों पर थे सोये
एक तेज चलते ट्रक से कुचलें जाएं
और चिर निद्रा में सो जाएं
कौन थे वो आखिर घर गांव, ठौर- ठांव
छोड़कर कहां से थे आए
क्या थे कुछ उनकी आंखों में सपने कुछ
या बस जिंदा रहने की मज़बूरी थी।
जीवन की नश्वरता का,
जीवन की क्षणभंगुरता को बतलाती
ऐसी हर घटनाएं
उनकी मृत्यु असहाय, दुखदायी, असमय
हमको इतना तो पाठ पढाएं
कोई पता नही इस जग में कब क्या हो जाए
किसकी सांसे कब हो जाएं मौन
कौन कहां, कब, कैसे उठ जाए
तांडव पर तांडव हम करते कितना
पर जहां ग्लैमर न हो ओढ़ लेते हैं एक
सुविधाजनक मौन।
हम बंद कमरों में लिहाफ ओढ़े
करें बहसे गर्मागर्म कितनी
प्रेम पर लिखें महाकाव्य,
पर कहो इस घटना पर
हमने कुछ प्रश्न उठाए।
ग्लैमर विहीन मृत्यु भी कहां

कर आकर्षित हमें पाए
कहों क्या उन दुखी आहत परिवारों के
दुख के कातर स्वर
हमारे कानों तक भला पहुंच पाए
क्यों सोयी सी रह जाती है
हमारी सारी संवेदनाएं,
कहो तुम, क्या हमने तुमने
दो अश्रु भी बहाए

58. मृत्यु का स्वागत

आह मृत्यु जब आओगी तुम मिलने
पता नहीं कर सकूंगा स्वागत तुम्हारा
मैं खुले मन से अपनी बाहें पसार।
या कहूंगा यही, करूंगा तुमसे प्रार्थना
अभी तक तो मैं जी न पाया ढंग से
कुछ और पल दे दो मुझे उधार।
मैं लूं कुछ अपने बाकी क़र्ज़ उतार
लौटकर कुछ दिनों बाद आना मेरे द्वार।
पता नहीं मेरे निर्वाण पर
एक भी अश्रु बहायेगा ये संसार।
मुझे छोड़ने है जीवन पथ पर अभी
अपने घर के कुछ निशान
करने हैं कुछ अधूरे गीत पूरे
करनी है पूरी कुछ अपूरी प्रेम गाथाएं
निभाने है कुछ आखिरी कर्तव्य
कुछ दिनों इस मोहलत चाहिए
फिर मैं कुछ न कहूंगा
चल पड़ूंगा संग तुम्हारे
अंतिम यात्रा पर
जीवन के उस पार।
मृत्यु तुम तब आना मेरे द्वार
करूंगा स्वागत तब तुम्हारा
मैं अपनी दोनों बांहें पसार।

59. बुढ़ापे का एकाकीपन

उम्र का अब होने लगा है असर दूर के साए
और पास के अक्षर धुंधले नजर आने लगे हैं।
उंगलियां रह-रह के कंपकंपाती हैं
हाथ भी अब थरथराने लगे हैं।
चलने में लगती है अक्सर ठोकर
पांव भी अब तो लड़खड़ाने लगे हैं।
उम्र भर जो चले थे साथ वो दोस्त
एक- एक कर साथ छोड़ जाने लगे है।
बड़ा सा घर सूना-सूना सा खाली- खाली सा लगता है
बाहर रहने वाले बेटे नाती पोते रह रह के याद आने लगे हैं।
अक्सर रातों को नींद ठीक से आती नहीं
इक हल्की सी आहट से भी घबराने लगे है।
घर संभालें नहीं संभलता अब तो
चीजें भी रखकर कहीं भूल जाने लगें है।
बच्चों के फोन का बस करते रहते हैं इंतज़ार
अल्बमो की तस्वीरों से अब तो दिल बहलाने लगे है।
उम्र के इस मोड़ पर कहीं बिछड़ न जाए हमसफर
अब तो ये गम भी सताने लगे हैं।

60. पिता

वो पिता,
जिनके कारण है अस्तित्व तुम्हारा,
कभी पल भर कर लिया करो उनका भी ध्यान,
जिन्होंने तुम्हारे कहने से पहले ही की,
जाकर अपनी सामर्थ्य से भी परे,
तुम्हारी सब आवश्यकताएं पूरी।
बिन कहे, अक्सर ही समझ ली
तुम्हारे मन की बात,
जो तुम्हारे दुख से हुए दुखी कितने,
पर कभी दिखाया नहीं,
तुम्हारे प्रति अपना स्नेह
कभी खुलकर, ढंग से जताया नहीं।
कठोरताओं के झूठे आवरणों में,
छुपाकर रखी अपनी सारी कोमलताएं,
तुम्हें बिन बोले ही
बिन मांगे ही देना चाहा वो सब कुछ
जो तुम पाने की इच्छा रखते थे।
तुम्हारी झुंझलाहटों को हंसकर टाल गया,
हर असफलता की घड़ी में
तुम्हारे पीछे रहकर
देता रहा तुमको हौसले नये,
हर कठिन मोड़ पर तुमको संभाल गया।
ज्योति रहे प्रज्जवलित तुम्हारे जीवन में
इसलिए उसने तिमिर कितने स्वयं पिए,
पथ पर तुम्हारे तम न हो,

इसलिए जलाता रहा कितने दिए।
अपने संघर्षों की
तुम्हें कभी भनक भी न लगने दी,
दुख सब अकेले ही सह गया,
आकाश मिल सके स्वप्नों को तुम्हारे
बस इसलिए पांव अपने
मजबूती से धरती पर टिकाए रह गया।
हो पास या दूर,
बस तुम्हारी
सफलता और सुखों की कामना करता रहा,
है अगर नहीं आज इस धरा पर,
तो भी करता होगा कामना
उस लोक से भी यहीं।
अगर है
तो तुम्हारा अपना प्यार जताते रहो,
हैं अगर अब नहीं
तो ध्यान उनको करते हुए
कभी-कभी कहानियां उनकी
अपने हृदय में दोहराते रहो।
है अगर संतान तुम्हारी तो,
उन्हें भी सुनाते रहो
पिता कैसे थे तुम्हारे ये बताते रहो।

61. मेरे बाबूजी

पता नहीं क्या बात थी पर
अपने में रहते अक्सर सिमटे सकुचाये बाबूजी,
सारे दुख अपने सहेजे बस अपने तक
पूछो तो हंसकर टाल जाए।
दो पैसे बचाने की खातिर
रिक्शा भी न करे
जून की कड़कती धूप में
मीलों पैदल चल जाए।
अपने खेतों की मिट्‌टी से प्यार इतना,
धूप, जाडा, बरसात न देखे
खेतों में जैसे मर- खप जाएं।
वैसे रहे चुप-चुप से पर
कई बार बेमतलब की बातों पर
ज़ोर-ज़ोर से ठहाके लगाए।
अपने बचपन की बात सुनाते-सुनाते
अक्सर भावुक हो जाएं।
औरों को कभी न छेड़े,
न उनके जीवन में अपनी टांग अड़ाएं,
पर अपने अधिकारों के लिए,
किसी से भी लड़-भिड़ जाएं।
अंतर में अपनों की खातिर
रखे कितना प्यार छुपाए
पर कभी प्रदर्शित न कर पाए।
बच्चों को डांटने का काम
अम्मा के हिस्से छोडा था,

बच्चों को कभी जोर से डांट न पाए।
हो गुस्सा अम्मा से तो
बस चुप हो जाए,
घंटों न किसी से बोले न बतिआएं।
बिना मतलब पालते थे
कितनी अर्थहीन चिंताए
ऐसा लगता था
कंधे पर कितना बोझ रहते हैं उठाए।
चले गये जाने क्या-क्या
अपने मन में ही छुपाए
कहां किसी से खुलकर कुछ कह पाए
कहाँ बांटते थे किसी से भी
अपनी व्यथाएं
जीवन पूरा बिता डाला संघर्षो में ही
संघर्षों में एक दिन उस पार
पर जीवन
जैसे जीना चाहिए था कहां जी पाए।
संघर्षो के बाद जिस सुख के वो अधिकारी थे
वो सुख कहाँ उठा पाए
जो उन्होंने दिया
कहाँ मिला उनको उतना भी
जितना दिया उन्होंने सबको
अंशमात्र भी उसका कहाँ हम दे पाए।

62. पिता जैसे होते जाना

जैसे-जैसे हमारी आयु बढ़ती है
हमारे बच्चे बड़े होने लगते हैं
तब हमें लगता है कि धीरे-धीरे
हम अपने पिता जैसे होते जा रहे हैं
हमारे हाव-भाव, बोलने का ढंग
भाव-भंगिमाएं।
चाहे-अनचाहे
ठीक उनके जैसी होती जा रही है।
बहुत सारी ऐसी आदते
जिनको हम अपने पिताजी से हमेशा
छोड़ने के लिए कहते थे,
वही चुपके से हमारी आदतें बन गई हैं।
और हमारे बच्चे,
उन्हीं आदतों पर हमें हमेशा टोकने लगे हैं।
इस तरह पिता में परिवर्तित होते जाने के बाद ही
यह जानना संभव होता है कि,
पिता ने अपने जीवन में
क्या कुछ अनुभव किया होगा
कितना सहा होगा।

63. अम्मा

अम्मा
तुम्हारा जाना कितना था अप्रत्याशित
बाबूजी के जाने के बाद
बस कुछ दिनों के अंतराल पर।
ऐसा लगता है
आखिरी संपर्क सूत्र सा टूट गया हमारा
पहले से ही जैसे जड़ों से बिछड़े
भटकते हुए हम लोगों का।
क्रूर निर्मम 2020 का अंतिम आघात था ये।
पीडा ये नहीं कि, तुम निकल गयी अपनी
अंतिम यात्रा पर,
पीड़ा ये कि तुमसे
एक आख़िरी मुलाकात नहीं हुई,
न तुम मुझे देख पाई,
न मैं तुम्हें देख पाया,
तुम्हारी भी एक अधूरी इच्छा रही मन में
मुझे भी ये कसक रहेगी ताउम्र।
अब जब तुम नहीं हो तो
बस रह गया सोचना, ऐसा करते तो
शायद ऐसा हो सकता था,
या ऐसा हो जाता
रह जाती तुम कुछ और दिन
जी जाती कुछ और
तुमने बुलाया था एक दिन पहले ही
अस्पताल से मुझे

शायद मैं दो दिन पहले भी आ सकता था
पर तुम्हारे साथ दस दिन रहने के चक्कर में
वो पल वो मुलाकात मैंने गंवा दी।
सब यहां हैं अवाक तुम्हारे जाने से।
कर दी तुम्हारी राख और अस्थियां
तुम्हारी इच्छानुसार प्रवाहित सरयू में
वहीं जहां बाबूजी का
अंतिम संस्कार हुआ था।
अब इस घर में पहली बार
तुम्हारी और बाबूजी की अनुपस्थिति में
दिन बिताते हुए
तुम्हारे अंतिम संस्कार की
सारी प्रक्रियाओं से गुजरते हुए
सोचता हूं मैं।
इस साल जब मृत्यु की खबरें
महज एक आंकड़ा सा बन गई हैं
कोई संवेदनशीलता जागती ही नहीं।
जीवन की नश्वरता का,
प्रकृति के सामने, मानव लघुता का
आभास कराने वाला यह साल,
अब जब अपने अवसान पर है तब
अपना शोक मनाया जाये
या औरों के बारे में सोचा जाये।
जैसी कि तुम्हारी आदत थी
अम्मा, तुमने जिया जीवन सारा अपना
कितने संघर्षों के बावजूद
सम्पूर्ण गरिमा के साथ,
पूरे स्वाभिमान से सर उठाकर।
तुमने निभाये अपने सारे संबंध

सारे दायित्व, सारी मर्यादाएं,
सारे कर्तव्य, सारी निष्ठाएं,
औरों को रखा हमेशा स्वयं से ऊपर।
तुमने अर्जित किया, कितना सम्मान
कितनी प्रतिष्ठा,
मुझे न कोई अब तक मिला
न मैंने सुना किसी के मुंह से
कुछ भी बुरा, कभी तुम्हारे लिए।
कौन नहीं चाहता
इस तरह जाना छोडकर ये संसार,
कि जो आये कभी संपर्क में,
जो हों संगी साथी
तुम्हारी इच्छानुसार प्रवाहित सरयू में
वहीं जहां बाबूजी का
अंतिम संस्कार हुआ था
अब इस घर में पहली बार
तुम्हारी और बाबूजी की अनुपस्थिति में
दिन बिताते हुए
तुम्हारे अंतिम संस्कार की
सारी प्रक्रियाओं से गुजरते हुए
आभास कराने वाला यह साल
अब जब अपने अवसान पर है
अपना शोक मनाया जाये
या औरों के बारे में सोचा जाये
जैसी तुम्हारी आदत थी
अम्मा तुमने जिया जीवन सारा अपना
कितने संघषों के बाबजूद
सम्पूर्ण गरिमा के साथ
पूरे स्वाभिमान से सर उठाकर

तुमने निभाई अपने सारे संबंध
सारे दायित्व सारी मर्यादाए
सारे कर्तव्य सारी निष्ठाएं
औरों को रखा हमेशा स्वयं से ऊपर
तुमने अर्जित किया कितना सम्मान
कितनी प्रतिष्ठा
मुझे न कोई अब त
कौन नहीं चाहता
इस तरह जाना छोड़कर ये संसार
कि जो आये कभी संपर्क में
जो हमें संगी साथी
जो रहे हो कभी जीवन यात्रा में सहयात्री
जिनका जीवन हो तुमने छुआ
बहा दें दो आंसू
और कहे कि बहुत अच्छी थी जाने वाली या
कहें कि बहुत अच्छा था जाने वाला।
तुमने जिया अपना जीवन अपने दायरे में भरपूर
तुम्हारी जीवन यात्रा सफल
तुम्हारी मृत्यु है सफल
एक सामान्य जन
और भला चाह सकता है
कैसा जीवन और कैसी मृत्यु।

64. अम्मा की स्मृति

तुम्हें असमय खोने का दुख
तुमसे अंतिम बार न मिल पाने का दुख
तुम्हारे अंतिम दर्शन न कर पाने का दुख
बहुत कुछ जो किया जाना था
वो न कर पाने का दुख,
बहुत कुछ अनकहा न कह पाने का दुख
बहुत कुछ जो कह दिया वो कहने का दुख
तुम्हारे अंतिम दिनों के अकेलेपन के दुख
जो बांट न पाया।
पर साथ है
बचपन की न जाने कितनी ही सुखद स्मृतियां
वो सहज, सरल प्यार तुम्हारा
वो स्नेह लुटाना, वो सीखें, वो समझाना
वो कान उमेंठना, वो थप्पड़ लगाना
रूठने पर घंटों मनाना।
वो किताबों से गहन अनुराग तुम्हारा
जहां से लगा चस्का मुझको भी पढ़ने का।
वो गरिमामयी रूप तुम्हारा
औरों को सदा रखना अपनों से ऊपर।
कितनी बाते, कितनी यादें
जानता हूं मैं
नहीं लौटा कर ला सकता
मैं तुम्हें उस पार से
पर अब भी
लगभग रोज मुझे याद आती हो तुम

कभी अकेले, कभी बाबूजी के साथ।

65. चांद से प्रश्न

मैंने पूछा चांद से क्या बात है कि
तुम हो सौन्दर्य के मापदंड
आजतक बने हुए, कल की बात और थी
जब हम दूर से देखा करते थे
तुमको और नहीं जानते थे कुछ भी
कभी रहा होगा तुम्हारा आकर्षण
क्योंकि हमें पता नहीं था तुम हो कैसे
अब तो हमें पता है कि गड्ढे हैं
तुम्हारी सतह पर, हैं दाग कितने
हो तुम ऊबड़-खाबड़
पर फिर भी शायद
तुम्हारा दूर से दिखता उजला चेहरा
हमें मोह लेता है
क्योंकि अब भी हमने बदले नहीं
अपने सौंदर्य मापदंड,
बिकती हैं आज भी चेहरा गोरा करने की क्रीम
ढूंढते है आज भी लोग
बेटों की शादी के लिए गोरी लड़कियां
थोडा हीनभाव से देखते हैं काले लोगों को
होता है अब भी भेदभाव
दुनिया में गोरे और कालों में
जब तक होता रहेगा ऐसा
तुम पर हम लिखते रहेंगे कविताएं
करते रहेंगे अपने प्रिय का
सौन्दर्य बखान तुमसे तुलना करके

मैं लिख रहा हूं इतना कुछ
पर ये स्वीकार करने में
मुझे जरा भी संकोच नहीं।

66. सुबहों के उजाले हैं

रात के अधेंरों से इतना क्यों घबराना,
रात के सीने ही छुपे सुबहों के उजाले हैं।
ये शब न होती हो ख़्वाब सारे कहां जाते,
रात की नीदों ने ही तो, आंखों में ख्वाब कितने पाले हैं।
उन झुके कंधो और कमजोर पांवों ने, मजबूती से
न जाने कितने नाजुक सपनों के बोझ संभाले हैं।
यहाँ उजली-उजली सी बातें जाने कितनी,
हरदम करे हैं वो, जिनके दिल कितने काले हैं।
जो दम हरदम भरते है अपनी दोस्ती का,
उनके मन में रही छुपी हुई, जाने कितनी घाते और चालें हैं।

67. स्त्रियों तुम्हारे लिए

हम पुरुषों ने गढ़ी सारी शुचिताएं
देह की सारी पवित्रताएं
ऐ स्त्रियों तुम्हारे लिए।
देह को इतना पवित्र बना दिया
कि मन और आत्मा कहीं
रह गये दबकर
भावनाएं रह गयी कहीं खोकर सिसकती।
देह का पर्याय बना डाला तुम्हें
तुम्हारे ही लिए रची
हमने अधिकतर परंपराएं, मान्यताएं,
अधिकारों को रखा अपने हिस्से में
कर्तव्यों का बोझ डाला तुम्हारे सर,
स्वर रखे अपने पास
मौन छोड़े तुम्हारे हिस्से,
स्वछंदता रखी अपने लिए
सारे बंधन रचे तुम्हारे लिए
घोषित किया शौर्य, साहस का प्रतीक स्वयं को
और तुम्हें घोषित किया अबला और कोमल
तुम्हारे पांवों में पहनायी पाबंदी की पायलें
हाथों में मेहँदी
मुख पर डाला घूंघट और नकाब
तुम्हें बनाया इज्जत, आबरू का प्रतीक
अपने बने उसके पहरेदार।
घर बनाया तो रखा घर की चौखट के
अंदर का हिस्सा तुम्हारे लिए

बाहर सुरक्षित रखा अपने लिए।
बहुत कुछ ऐसा रचा हम पुरुषों ने
अपनी सुविधानुसार
जो तुम्हे रखे सीमित
उन्ही घर की चौखटों, चारदीवारियों तक ।
तुम्हारी हजारों सालों की अकुलाहटों ने, छटपटाहटों ने
कई बंधन तोड़े, तोड़ी कई परम्पराएं
और न जाने कितने ही मिथ ढहाए
पार की कितनी ही झूठी चारदीवारियां
बदलते वक्त की कितनी बेचैनिया है,
कितनी छटपटाहटे,
इस बदलते समय में भी
हम पुरुष कहीं रह जाते है पीछे
कठिन हो जाता है स्वीकारना कि
स्थापित मूल्य बदल रहे है, रूढियां टूट रहीं है
परंपराएं बदल रही हैं
हम साथ-साथ चल रहे हैं।
जो स्वप्न हमने रखे थे सुरक्षित
बस अपने ही लिए ही
वो अब तुम्हारी आंखों में भी पल रहे हैं।
हमें भी बदलना है संभवतः और तेजी से
स्वीकारना है, स्वीकारना पडेगा
बहुत कुछ ऐसा
जिसकी आदत नहीं है हमें आजतक
न समाज हमें सिखा पाया
न शायद अधिकतर माएं हमारी
सिखा पायीं तुम्हें बराबरी का हक देना
क्योंकि न उन्हें किसी ने
बराबरी का दर्जा दिया था

न उन्होंने कभी स्वयं को
बराबरी लायक समझा
वो भी मानती रहीं
आदमियों की श्रेष्ठता को निर्विवाद सत्य
कभी इसे चुनौती देने का ख़याल भी
उनके मन में नहीं आया
पर अब भी ये जिम्मेदारी उन मांओं की है
जो तरसती रही उम्र भर अपने हक के लिए
पर अब दे सकती है
गर कुछ और नहीं तो
अपनी बेटियों को
हक़ के लिए लड़ने का माद्दा
अपने बेटों को ये सीख कि
बहन उनकी है नहीं किसी बात में उनसे कमतर
जिम्मेदारी है उन पिताओं पर
जो अपनी बेटियों के सपनों को
पंख लगा देखना चाहते हैं
और हैं खडे
उनके पीछे मजबूती से
वक्त बदल रहा है
पर अभी और बहुत वक्त लगेगा
उतना बदलने में
जितने की उम्मीद तुम्हें है।

68. सहन

वो देख नहीं पायेंगे,
तुम्हारी आंखों में उभरते हुए नये स्वप्न
वो सहन नहीं कर पायेंगे
तुम्हारे नये शब्दों की चुभन,
तुम्हारी नयी भाषा।
वो सहन नहीं कर पायेंगे
तुम्हारे बदलते हुए स्वर,
वे नहीं कर पायेंगे सहन
नये पथों पर चलते हुए तुम्हारे पांव,
वो नहीं कर पायेंगे सहन
तुममें होता हुआ बदलाव।
तुम्हारे अंदर सच झूठ में
अंतर कर पाने की विकसित दृष्टि
चुनना अपने पथ अपने आप
क्योंकि ये वो नहीं होगा,
जो वो देखना, सुनना चाहते हैं।
या चाहते हैं,
जिन रास्तों पर तुम्हें चलते हुए देखना
या चाहते हैं,
तुम्हें जो बनता हुआ देखना।
चुभते हैं तुम्हारे स्वप्न
उनकी आंखों में किरचों की तरह,
तुम्हारे स्वच्छंद पांवों से
उनके अहम को लगती है ठेस।
तुम्हारी ऊंची आवाज वाली उन्मुक्त हंसी,

जैसे घोलती है पिघला हुआ शीशा उनके कानों में
तुम्हारा बेधडक, बेझिझक, बेबाक
जीवन जीने का तरीका नहीं सुहाता उन्हें जरा भी।
वो देते हैं, वो देगें पहले तुम्हे
लज्जा, शील, मान, मर्यादा की दुहाई,
इस पर भी तुम न मानी
तो और हठकंडे अपनायेंगे,
राहों पर आने वाले, आसन्न खतरों से डरायेगें
तोड़ने का प्रयास करेंगे तुम्हारा साहस।
इस पर भी न डिगी तुम
वो करेंगे फरमान जारी
कि तुम्हारे लिए कुछ भी चुनने का
अंतिम अधिकार हमारा है।
तुम्हारी ज़िद
अपने निर्णय स्वयं लेने की
गलत है सर्वथा गलत
तुम ऐसा सोच भी कैसे सकती हो।
इस पर भी न झुकी तुम
तो अपना आखिरी अस्त्र चलायेंगे,
भावनाओं में तुम्हें बहायेंगे,
इस पर भी तुम
यदि रही अडिग अपने फैसले पर
तो या तो टेक देंगे घुटने
या फिर हमलावर हो जायेंगे।

69. एक घटना जो घटी है

एक घटना जो घटी है
सामान्य तो नहीं है
समाज के सामने
प्रश्न और भी बड़े हैं
सामने जो आज खड़े हैं।
चलती रही निर्वस्त्र वह छोटी बालिका
लगभग तीन कोस तडपती, लहूलुहान
और रास्ते में न जाने कितने घर थे
हर घर में रहीं होंगी कुछ स्त्रियां
कुछ किशोर वय लड़कियां
पड़ी तो होंगी निःसंदेह
इनमें से कुछ की दृष्टियां
पर क्या किसी में नहीं जागी
थोड़ी सी भी करुणा।
थोड़ा सा भी साहस
कि डाल देते उसके शरीर पर
वस्त्र का एक टुकड़ा।
अगर नहीं साहस या देने का आश्रय
किसी अज्ञात भय से
या अभी भी द्‌वारों पर है पुरुषों का पहरा
जिसे लांघने के लिए
अभी भी लेनी पड़ती है उनसे आज्ञा।
किसी ने बंद द्‌वारों के पार से
क्यों नहीं किया विद्रोह,
खोले क्यों नहीं एक भी द्‌वार

खुले क्यों नहीं एक भी द्वार
क्यों नहीं खुले अनेक द्वार?
क्यों नहीं किसी के कानों तक पहुंची
उसकी करुण कातर पुकार?
क्या अर्थ रह जायेगा
कल जुलूस निकाल कर
उसके लिए न्याय मांगने का।
(उज्जैन की घटना से प्रेरित)

70. हिंदुस्तान की बेटियों के लिये स्वप्न

मुक्त हों पांव तेरे
न राह में हो कोई बंदिशे
न जीने पर कोई पाबंदी
अपने निर्णय पर हो अधिकार तेरा
तेरी राहें निर्भय और निर्द्वंद्व हों
तूं अपने पिता और भाईयों
जितनी ही स्वतंत्र और स्वछंद हो
तूं स्वतंत्र अपनी राह चुने
तूं अपना मनचाहा स्वप्न संजोए
तूं अपना मनचाहा गीत बुने
तूं अपना मनचाहा मीत चुने
राह में भी राह के अंधेरे
तुझे न जरा भी डराएं
तूं निर्भय कहीं भी आए जाए
गांव के हो पथ पगडंडिया या सड़क
या हों शहरों के लम्बे राजपथ
तुझे न कोई डर सताए
तूं किसी भी राह पर जरा न घबराये
तूं अपने विरुद्ध हो रहे
हर अन्याय का प्रतिकार करे
चाहे फिर तूं जिए या मरे
तेरे हौसले हरदम हों बुलंद
तूं न थोपा जीवन जिएं
जिए वही जो हो तुझे पसंद

घर में भी जाए तेरी बात सुनी
चौपाल में बैठ न पंच
तेरे लिए अब कोई दकियानूसी फरमान सुनाएं
तेरे कपड़ों को न कोई विकृत मानसिकता वाले
अपनी बेशर्म करतूतों का हथियार बनाए

71. औरत

इक औरत घर की चारदीवारी में
सिमटी सिमटी सी
जाने कितने रुप बदलती है
सुबह से लेकर शाम तक
हर वक़्त काम में खटती रहती है
कितना कुछ ख़ामोशी से सहती है
कई बार उभरता
दीवारों में घिरा खालीपन
तन का-मन का-जीवन का सूनापन।
घिरी हुई सबसे पर एकाकी सी रहती है
औरों के जीवन का केंद्र,
पर स्वयं विकेंद्रीकृत
धुरी बनी हुई सबकी
पर अपने ही जीवन का अर्थ
अपने ही अस्तित्व को तलाशती
इक औरत घर के बाहर
ढूंढती अपने लिए एक जगह
चाहती छूने नये आयाम
खोलने हैं उसको कितने ही बंद द्वार।
जूझती है कितने ही पूर्वाग्रहों से
पर है
निर्भय-निद्वंद-निर्मुक्त
आत्मविश्वास से भरी-भरी
सधे कदमों से चलती
अपनी अभिलाषाओं के पंख पर हो सवार

छूने चली अपने सपनों का आकाश

72. क्यों

किसी और के साये तले
क्यों दबी रहे तेरी परछाई,
तेरे वजूद को क्यों हो,
किसी और के सहारे की जरूरत,
क्यों किसी और के नाम से
हो तेरी शख्सियत की पहचान,
क्यों कोई और लिखे तेरी जिंदगी का उनवान।
क्यों तेरे रास्ते कोई और चुने,
क्यों तेरी आंखों के लिए ख़्वाब कोई और बुने,
क्यों तेरा हमसफर कोई और चुने।
तेरा चुनने का हर हक़ तेरा
अपनी ख़ातिर कहने-सुनने का हर हक़ तेरा
तेरा हर हक़ तेरा, तेरा हर फैसला
क्यों किसी और की जागीर हो।
क्यों कोई तुझपे थोपे बेवजह पाबंदियां,
क्यों भला औरों की लिखी तेरी तक़दीर हो।

73. रिहाई

इंसानी जिस्मों के पिंजरे में कैद कितनी रुहें
छटपटाती हुई मुक्ति के लिये
कितने सैयाद हर कदम पर बैठे लगाकर घात
कितनी पाबंदिया, कितने पहरे
जिस्मों से जुदा और भी न जाने
सैयादों के हाथों में कितने ही पिंजरे
हर पिंजरे की कोई अलग सी
एक बेबुनियाद कहानी
परिंदे हैं अक्सर पिंजरे में सहलाये जाते, दुलराये जाते
ये अलग बात है कई बार उन पिंजरों में ही
नोंच लिये जाते हैं उनके पंख के ख़्वाब।
पर सबको ही बताया जाता है अक्सर
महफ़ूज़ हो तब तक, जब तक हो इस पिंजरे में
पिंजरे के बाहर की दुनिया डरावनी है
घूमते रहते है कितने ही बाज़ और गिद्ध
तुम्हारे शिकार के लिए जो नोचना चाहते हैं
सिर्फ तुम्हारा पर तुम्हारा जिस्म ही नहीं
तुम्हारा ख़्वाब, तुम्हारी रुह तक
जब रहोगी तुम ज़िंदा लडनी है
तुम्हें जिंदगी के हर कदम पे ये लड़ाई
औरत का जिस्म लेके जन्मी हो तुम
आसानी से कहां मिलेगी
तुम्हारे जिस्म, तुम्हारी रुह को रिहाई

74. अहिल्या के राम से प्रश्न

छल किसने किया और कौन गया छला
अपराध किसका और दंड किसको मिला।
मेरे इस प्रश्न का उत्तर
आपको ही देना है राम
यदि आपने बनाया मुझे नारी
नहीं तो बना देना मुझे पुनः एक बार शिला।
क्या दोष था मेरा,
मैंने तो जीवन भर
अपने सारे कर्तव्य निभाये
भूलकर अपनी सारी कामनाएं, सारी इच्छाएं।
हारी भी तो मैं देह की अतृप्त कामना से
जो जगी थी छली इंद्र के गौतम वेष में
स्पर्श से ही
कर रही थी तब भी मैं
जैसे अपना कोई कर्तव्य निर्वाह ही
छल कामी इंद्र का था पर मैं तो
समझी थी गौतम को ही
मैं पूछती आज मैं आपसे हे राम
क्यों मेरी निज इच्छाओं का
देह की कामनाओं का
कोई मूल्य न था।
सत्य ज्ञात था समस्त गौतम को भी
देखा था स्वयं उसने अपने ही नेत्रों से
फिर ये दंड, ये शाप मुझे ही क्यों
कि प्रस्तर खंड सा हो जाएं

मेरा हृदय
जिसमें न जागे कोई इच्छाएं
शिला सी हो जाये देह मेरी
जिसमें न जागे कोई सुप्त कामनाएं।
वो ऋषि गौतम जिनके लिए
मैंने अर्पित सारा जीवन कर डाला
मुझे किंचित समझ न पाएं
मैंने तो अपने सारे संबंध
पूर्ण निष्ठा से थे निभाये
गौतम ने अपने नेत्रों से
देखा और समझा था
इंद्र का छल सारा
इंद्र ने थी ही छली और कामी
शरीर मेरा था पर लक्ष्य उसका
पर गौतम तो थे परम ज्ञानी
क्यों भूल और अपराध में
अंतर न कर पायें।
जो घटा जो हुआ
वो एक भूल थी मात्र
या भूल भी क्या
मैं तो गई थी छली।
चलो मानती हूं मैं कि
क्षणिक क्रोध के वशीभूत
दे डाला था शाप मुझे
पर सत्य का क्या उपरांत भी
उन्हें तनिक ज्ञान न हुआ,
सुधार लू भूल अपनी
ये भी भान न हुआ।
क्यूं न ली एक बार भी सुधि मेरी,

क्या क्रोध की ज्वाला में
जल जाना ही ऋषि कर्म था,
क्या सहधर्मिणी का त्याग, निष्ठा भूल
उसकी एक त्रुटि को आधार मान,
जीवन पर्यंत शिला बनाना
ही श्रेष्ठ पति धर्म था।
मैं तो गयीं थी ठगी
अपराधी तो इंद्र था
फिर गौतम मेरे लिये क्यों न लड़े,
क्यों न रहे साथ मेरे खड़े,
क्यों न मेरे लिये न्याय मांगते
समस्त संसार से टकराये
इंद्र को शाप उनका
था मात्र अपने पौरुष की पराजय
का एक क्षोभ मात्र।
सत्य ये है
कि मेरे प्रति
ऋषि गौतम का आचरण था
एक सामान्य पुरुष का आचरण,
जिसमें सत्य अपनाने का साहस नहीं,
भूल क्षमा का भाव ही नहीं,
पुरुषोचित परंपरावादी सोच से
ऊपर उठने का साहस ही नहीं,
एक नयी दृष्टि ही नहीं।
कहूं क्या कायर उन्हें,
ये शब्द भी मुझे लगता
उनके लिए अब कठोर नहीं
हे राम मैं हूं ऋणी
कि आपके स्पर्श से

मेरी शिला सी देह जीवंत हो उठी,
अब फिर उठेगी कामनाएं नव
अब उर में जागेंगे भाव
देह में उभरेंगे पुनः
कामनाओं के ज्वार
पर मेरे विगत वर्षों को कौन लौटायेगा।
मेरा न्याय तो हुआ न अब तक,
मुझे न्याय कौन दिलायेगा।
मैंने काटी इस निर्जन में
एकाकी कितनी नीरव निशाएं,
प्रस्तर खंड था मेरा शरीर,
मृत थी सारी कोमल भावनाएं।
क्यों मैं ही रही अभिशापित
परित्यक्त, परित्याज्य, निंदनीय,
ढोती हुई
अपमान, उपेक्षा, तिरस्कार,
लेकर
जीवन भर की ग्लानि,
जीवन भर का उपहास।
मैं ही क्यों जीती रही
इतने वर्षों शीश झुकाये
अपराधी देवराज रहा जीता
बिना किसी अपराधबोध।
देवताओं को भी पता ये
सारा दृष्टांत था
फिर भी कहां मुझे न्याय मिला,
इंद्र के उच्छृंखल आचरण में
मौन सहमति थी क्या देवों की भी?
इतने वर्षों की उपेक्षा के उपरांत अब

मुझे नहीं चाहिए,
करूणा और दया
मुझे चाहिए न्याय।
इंद्र और गौतम दोनों ही
हैं मेरे अपराधी
इंद्र तो था छली और पराया
देह मेरी थी लक्ष्य उसका,
पर गौतम तो मेरे अपने थे,
मेरे अपराधी गौतम अधिक
जिन्होने मेरी वर्षों की
त्याग, तपस्या और निष्ठा का
ये मोल दिया।
मैं थी संसार में सबसे रुपसी
जब गौतम के साथ बंधी थी.
परिणय बंधन में
उस समय कोई भी मुझे
अपना सकता था,
मैं चाहती तो किसी को भी अपना सकती थी,
पर जब मैंने बंधन स्वीकारे तो निभाये,
तब भी जब गौतम डूबे रहे थे
मात्र ऋषि कर्म निभाने में,
मेरी इच्छाओं मेरी कामनाओं
का उनके सम्मुख कुछ मोल न था।
पर मैने कभी न दी उलाहना
न भटकी कभी पथ से अपने।
आपके चरण रज से राम
कहने को तो मिल गई मुक्ति मुझे,
पर अब क्या ये जग सहज मन से
मुझे अपना पायेगा,

क्या मुझे मेरा खोया हुआ आत्मसम्मान
लौटा पायेगा,
क्यों यही रूढ़िवादी परंपराएं,
वही रुढ़िवादी सोच,
क्यों वही सड़ी गली
न्याय व्यवस्थाएं,
जो ऐसे अपराधों में भी
दोषी को दोषी न कह सकें
नारी को ही दोषी ठहराएं।
पुरुष प्रायः छूट ही जाये,
उसके हिस्से में तो
पीड़ा अपमान उपहास
निरस्कार कभी न आये।
ये दोहरी सोच
ये दोहरा मापदंड किसलिए
ये कौन सा है न्याय,
कि अपराधी तो बच जाये
और पीड़ित जीवन भर
दंड उठाये।
तुम मेरे इन प्रश्नों के
उत्तर दो,
तुम ही अब न्याय करो,
क्या अपराध मेरा था
जो ये दंड मुझे मिला
क्या मैं सचमुच इस दंड की भागी थी।
प्रश्न कुछ और भी है,
जो अत्यंत गंभीर हैं
जब गौतम ने न ली
वर्षों सुध मेरी

कर दिया मेरा त्याग,
तो क्या अब पूर्ण स्वतंत्र हूं मैं
अपना जीवन स्वेच्छा से जीने के लिये,
कर सकती हूँ क्या मैं
पूर्ण अपनी सारी कामनाएं,
सारी इच्छाएं,
क्या मैं जी लूं अपना जीवन,
बंधन मुक्त
मात्र अपने लिए।
हे राम बहुत सुना है आपके बारे में
समाज में पुरुषों और स्त्रियों के लिये संभव हो तो
कुछ सम मापदंड बनाये,
करें कुछ इस न्याय व्यवस्था का,
मेरे प्रश्नों के उत्तर दें
हो सके तो मुझे दिलवायें न्याय,
यदि इन प्रश्नों के उत्तर संभव न हों
तो मुझे पुनः शिला बनाये।
जानती हूं मैं इतना तो कि
अहिल्या की इस कथा में सदा
गौरवगान होगा आपकी चरण रज का
मेरी पीड़ाओं, इंद्र के अपराध
गौतम के कायरता पूर्ण आचरण (मेरी दृष्टि से)
का कभी उल्लेख भी न होगा

75. विदा

सुनो राधे, जाना है अब मुझको जिस पथ,
ये पथ, मुझे तुमसे सदा के लिए दूर ले जायेंगे
पुनः इस पथ पर
पग मेरे संभवतः न कभी लौट पायेंगे,
बस स्मृतियां ही विगत की,
रह जायेगी शेष।
चाहता हूँ तुमसे मात्र इतना ही कहना,
जो भी था हमारे मध्य,
अनाम, संबंधों की परिभाषाओं में अपरिभाषित
था सहज, सुंदर, सरल, संपूर्ण।
जो जिया हमने,
जिन पलों रहे हम साथ वो पूर्ण थे।
तुम सोचना कभी
लोग वर्षो-वर्षो
सबंधों की डोर में बंधे,
बिता देते हैं संपूर्ण जीवन
कटुता से भरे, रिक्त, अतृप्त
एक पूर्ण पल की कामना में,
फिर तुम जान पाओगी कि हमारा साथ,
हमारा संबंध इतना अद्भुत क्यों था।
मैं तुम्हें आज ही, यह भी बताता हूं
कि भविष्य में हमारा संबंध, हमारा साथ
हमारा संयुक्त नाम बन जायेगा मापदंड,
प्रेम की पराकाष्ठा का,
जिससे ऊपर की कल्पना संभव ही नहीं होगी।

ऐसे सबंधों में कोई विछोह,
कोई वियोग नहीं होता,
कोई किसी को नहीं कोसता,
कोई किसी को नहीं बांधता,
कोई किसी को नहीं रोकता,
कोई किसी के लिये नहीं रोता,
कोई लेशमात्र भी दुख नहीं है ढोता।
मैं जानता हूं कि भविष्य में जब कभी भी
अपनी व्यस्तताओं के क्षणों में
विश्राम के कुछ पल मैं चुराऊंगा
तुम्हारे संग बिताये हुए पलों की स्मृतियां देंगी,
मेरे कृलांत तन-मन को स्फूर्ति।
मेरी कामना है,
तुम भी करना सदा स्मरण मुझे
अधरों पर स्मित से।
राधा:
अवाक हूं मैं,
तुमसे सदा के विछोह की कल्पना मात्र से ही,
ये कल्पना ही है दुष्कर
की सहसा तुम नहीं रह जाओगे,
हमारे जीवन का अभिन्न अंग।
नहीं मिल पायेंगे हम
अब कभी भी यमुना के तटों पर,
नहीं सुनाई देगी कानों को, तुम्हारे वंशी की धुन।
वंचित हो जायेंगे हम सब
इस तरह अकस्मात तुम्हारी क्रीड़ाओं से,
मुझे नहीं पता,
कैसा होगा मेरा आगामी जीवन,
तुम्हारे बिन,

कैसे बीतेंगे मेरे निशि दिन।
तुम तो ज्ञानवान हो, तुम्हारे ध्येय बड़े हैं
तुम्हारे लक्ष्य विशाल,
तुमने तो खींच भी रखी है
अपने आगामी जीवन की रुपरेखाएं।
तुम कैसे व्यस्तताओं के,
मात्र अपने विराम के क्षणों में,
मेरी स्मृतियों से अठखेलियाँ
उन्हें अपने जीवन का आधार बनाओगे।
पर कान्हा तुम कितने निष्ठुर हो,
कितनी सहजता से तुमने कह दिया, कि
अब तुम्हारे लौटने की कोई सभावना ही नहीं,
तुमने तो अपनी प्रतीक्षा में,
मेरे संपूर्ण जीवन बिताने का सुख भी छीन लिया।
तुमने तो कहा होता बस इतना ही,
राधे में लौटकर आऊंगा
मैं रह जाती जीवन पर्यंत प्रतीक्षारत।

76. क्यों मैं तुम्हें भूल जाऊं

तुम्हें याद रखने के सौ कारण हैं मेरे पास
तुम बताओ एक भी कारण कि क्यों मैं तुम्हें भूल जाऊं?
तुम गये जीवन से मेरे निर्णय तुम्हारा था
कारण तुम्हारे थे, प्रश्न उठाया कब मैंने कोई
तुम्हारे दिये प्रेम से भरी हुई है झोली मेरी
मन है तृप्त अब तक मेरा
मैं जीवन भर लुटाऊं इस प्यार को,
तो भी न कभी रिक्त हो पाऊं
फिर तुम ही कहो भूलकर इसे
मैं कैसे और क्यों पुनः अधूरी और अतृप्त हो जाऊं।
तुम्हें याद रखने के सौ कारण हैं मेरे पास
तुम बताओ एक भी कारण कि क्यों मैं तुम्हें भूल जाऊं?
क्यों न मैं बिताऊं शेष अपना जीवन
तुम्हारे दिये प्रेम के संग
तुम्हारी स्मृतियों से रंग भरती जीवन में
क्यों मैं किसी अनजाने पथ पर अब एक भी पग बढ़ाऊं।
तुम्हें याद रखने के सौ कारण है
तुम बताओ एक भी कारण कि क्यों तुम्हें मैं भूल जाऊं?
क्या तुम्हारे जैसा फिर मुझे कोई मिल पायेगा
खिला था जैसे हृदय मेरा, फिर वैसे खिल पायेगा
भरोसा क्या इस बात का कि न मुरझायेगा
क्यों मैं किसी नयी प्रीत की ओर जाऊं
मैं क्यों एक भी पल व्यर्थ गवाऊं।
तुम्हें याद रखने के सौ कारण हैं मेरे पास
तुम बताओ एक भी कारण कि क्यों मैं तुम्हें भूल जाऊं?

77. द्रौपदी के भीष्म से प्रश्न

आहत तन है, आहत मन है, आहत सारा जीवन है
कल्पनातीत है उस अपमान की पीडाएं
वो विकल वेदनाएं ऐसी
मन से निकल न पाएं
जा घाव हैं
तन के, मन के, अब तक न भर पाए
प्रश्न तो बहुत है
पर उत्तर की नहीं कोई अपेक्षाएं
पर अब ये आवश्यक है
कोई तो इन प्रश्नों को उठाए।
सोचती हूं क्यों उस भरी सभा में
जब हो रहा था मेरा चीरहरण
झुके रह गये शीश सब
एक भी शीश उठ न पाए।
क्यों रह गये मौन सब
क्यों न अधरों पर किसी के
प्रतिरोध के स्वर आये।
मुझे न थी आशा
द्यूत में हारे हुए अपने पतियों से
जो बंधे थे युधिष्ठिर के वचनों से,
क्यूं करती दया की आशा मैं कर्ण और दुर्योधन से
क्यों करती मैं कोई अपेक्षा धृतराष्ट्र से
पर भीष्म आप क्यों रहे मौन?
कौन से बंधन थे?
कौन सी थी विवशताएं?

कौन से बचन?
कौन सी प्रतिज्ञाएं?
कौन सी निष्ठाएं?
सत्य से बड़ा है क्या कोई धर्म
असहाय अबला नारी की
अस्मिता रक्षा से बडा भी है क्या कोई कर्म
क्यूं न उस दिन आप समझ पाए ये मर्म।
कहता है सारा जग भीष्म आपको
है आपको भी अपनी सत्य निष्ठा और
वचन बद्धता पर अभिमान बड़ा
पर मुझे लगता है आपने भी नहीं दिया
कभी नारी को उचित सम्मान।
उस दिन आपका मौन मुझे अखर गया
क्यों न किया प्रतिकार आपने
दुर्योधन की धृष्टताओं का, कुत्सित इच्छाओं का।
क्यों न तोड़ डाले आपने बंधन सारे
क्यों न तोड़ डाले वचन सारे
क्यों न तोड़ डाली सारी प्रतिज्ञाएं?
पर यदि डालती हूं मैं दृष्टि
आपके जीवन पर
आते हैं स्मरण कितने ही दृश्य
जिसमें लगता है आपने लिये निर्णय कितने ही
मात्र अपने पौरुष की संतुष्टि के लिए
किये कर्म कितने ही
मात्र अपने अहं की तुष्टि के लिये
पर जो थे
सर्वथा विरुद्ध नारी की निज इच्छाओं के।
क्या कोई मूल्य न था
सत्यवती की निज इच्छाओं का

आपने क्यों नहीं किया विरोध
तात शांतनु की अनैतिक इच्छाओं का
वासनाओं में डूबी कामनाओं का।
कर डाली प्रतिज्ञा जीवन भर ब्रह्मचर्य की
दे डाला पिता को क्षण भर में वचन
पर क्या की थी कभी आपने चेष्टा
एक बार भी जानने की सत्यवती का मन।
अम्बा, अम्बिका, अम्बालिका के स्वयंवर में
जाने का आपका था क्या अधिकार
पौरुषहीन विचित्रवीर्य के लिए
क्यों तोड डाली आपने सारी मर्यादाएं।
सब सत्य जानकर भी
आपने कर डाला
उन कुमारियों के स्वयं वर चुनने के
अधिकार का क्रूर हनन
उनकी कोमल इच्छाओं का कर डाला दमन।
जो था उनका अधिकार,
कितनी निर्ममता से किया आपने प्रहार,
पर लगता है जैसे
जग प्रशंसा, स्तुति और आत्ममोह
ने छीन ली निर्णय की दृष्टि आपकी,
उचित अनुचित का भेद।
जकड़े रहे आप जीवन भर
झूठी मर्यादाओं के बंधनों में
ढोते रहें निरर्थक बचनों का बोझ।
सोचती हूं मैं
यदि आप प्रारम्भ से ही करते
अनीति- अन्याय का प्रतिकार तो संभवतः
मैं भरी सभा में अपमानित न होती।

मैं भी तो कुरुवंश की वधू थी
जब भरी सभा में अपमानित हो रही थी
अपनी लज्जा लुटते
कातर स्वरों में रो रही थी
यदि आपने
उस दिन ही भरी सभा में
कर दिया होता प्रतिकार
मेरे साथ हो रहे अन्याय का
फेंक दी होती सारी अर्थहीन मर्यादाएं
तोड़ दिये होते सारे वचन
कर दी होती ये घोषणा कि
इस अनाचार के पश्चात
अब आप बन्धनों से हैं मुक्त
और देंगे अब आप साथ सत्य का
तब संभवतः
कुरुवंश के इतिहास की दिशा ही कुछ और होती।

78. धृतराष्ट्र की गांधारी से प्रार्थना (गांधारी सुनो)

गांधारी ये निर्णय तुम्हारा
बांध नेत्रों पर पट्टी, स्वीकारना नेत्रहीनता मेरी तरह,
कोरी भावुकता में लिया गया
एक अतार्किक निर्णय है।
ये मेरा है विचार,
मुझे तुम्हारा ये निर्णय नहीं है स्वीकार।
मैं नहीं चाहता तुम भी पीड़ाओं के उसी पथ पर चलो
जिन पर मैं चला अब तक मैं
और मुझे जिस पर चलना है जीवन भर
मैं नहीं चाहता, ज़रा भी नहीं चाहता कि
तुम ओढो ये अंधकार।
मैं प्रतिदिन इस अंधकार से लड़ता रहता हूं
नित्य थोड़ा टूटता, थोड़ा बिखरता रहता हूं।
मैंने अपना क्या क्या खोया है
कभी तुम्हें बतलाऊंगा,
हृदय की अपनी सारी पीडाएं तुमसे बाटूंगा
दुख अपने सब तुमको दिखलाऊंगा।
मैं जनता हूं इस पीड़ा को,
मैंने भोगी है ये पीड़ा
जब देख न पाओ उगते सूर्य को
देख न पाओ प्रकृति में बिखरे अनगिनत रंगों को
शीतल चंद्र को, रंगीन पुष्पों को, हरे तरुओं को
जब देख न पाओ नीलगगन में उड़ते पक्षियों को
जब देख न पाओ अपने प्रियजनों के मुख

कहां तक तुम्हें बताऊं, कितना तुम्हें गिनाऊ
होते हैं कितने हम नेत्रहीनों के दुख।
मन बिंधता है जग के निर्मम व्यंग्य बाणों से
हृदय पर किये कितने आघातों से
जग इन पीड़ाओं को कब समझता है।
कहां समझता है ये स्वेच्छा से
वरण, ओढा अंधकार नहीं है
है ये जन्म जात ईश्वर प्रदत्त
जिस पर नहीं है कोई अधिकार।
मैं नहीं चाहता तुम भी ओढो ये अंधकार।
तुम्हारा कोमल मन,
इन दुखों को सह न पायेगा,
मैं चाहता हूं तुम मेरा जीवन संबल बनो
तुम मेरी दृष्टि, मेरा जीवन बल बनो।
तुम मेरी सामर्थ्य, मेरी शक्ति, मेरा साहस बनो
तुम मेरा गौरव मेरा सम्मान बनो।
अब तक सहे है मैंने मौन
कितने ही तिरस्कार, कितने ही अपमान
मैं चाहता हूं अब तुम मेरा अभिमान बनो। सुनो गांधारी सुनो
मैं चाहता नहीं तुम मेरे लिये ये अंधकार चुनो।
किसने तुम्हारे मन में ये भाव भरे
कि तुम्हारा इस तरह जीवन जीने में
पत्नी का श्रेष्ठ कर्म होगा
अर्थहीन है तुम्हारी ये प्रतिज्ञा मेरे लिये
क्या अर्थ है चुनने का अंधकार
जब तुम बन सकती हो दृष्टि मेरी,
पर तुम हो अपने निर्णय की अंतिम अधिकारी
पर करो अपने इस निर्णय पर पुनर्विचार।
जिसका न कोई तर्क, जिसका न कोई आधार

मैं नहीं चाहता तुम ओढों ये अंधकार
सोचो जो हो अच्छा तुम्हारे लिये, मेरे लिये,
करो जो श्रेयस्कर हो हमारे लिये
हमारी आने वाली संतानों के भविष्य के लिये।
पर मैं पुनः हूं ये दोहराता
चाह मेरी है सही तुम खुले दृगों से
मेरा बल, मेरा जीवन संबल, मेरी दृष्टि बनो।
सुनो गांधारी सुनो
मैं नहीं चाहता तुम मेरे लिए ये अंधकार चुनो।

79. कान्हा सुनो

सुनो कान्हा, उत्तर दो
तुमने मुझे ही क्यों चुना
अपनी अलौकिक प्रीत के लिए
जब तुम्हें स्थापित करनी थी
प्रेम की सार्वभौमिकता,
संबंधों की मानक सीमाओं से परे
दूरियों की सीमाओं से अबंधी
अपेक्षाओं के बोझ से मुक्त।
किसी भय, किसी अपराध बोध से मुक्त।
कभी संयत,
कभी उश्रृंखल कभी उन्मुक्त
कभी छुपी, कभी व्यक।
समर्पण की पराकाष्टा
एकीकृत- एकाकार होने की
अभूतपूर्व अलौकिक घटना
एक अनोखी अनुभूति
जिसकी न कभी हो पुनरावृत्ति,
वो संबंध जिनका कोई नाम नहीं
वो संबंध जिसे कोई परिभाषित न कर सके।
अपेक्षाओ, आकांक्षाओं, आशाओं के
जो बांधता नहीं पैरों में कोई बन्धन
जो पहचानता नहीं पैरों में कोई बेड़ियाँ
जो नहीं जताता हर समय अधिकार
जो नहीं बताता हर पल कर्तव्य
जो न सिखाता कभी, न कभी सीखता

बस है किया जाता, बस है जिया जाता।
वो सार्वभौम, वो सत्य
जो बसा तो निकल न पाता
जो अंकित हुआ एक बार
तो फिर कभी मिट न पाता
जो गीतों में है झलकता
बंसी की तानों में है गूंजता
जो हवाओं में है मचलता
जो पेड़, पौधों, पुष्पों में
होता पुष्पित, पल्लवित
जो यमुना की कलकल धाराओं में
होता अविरल प्रवाहित
जो कर लेता हृदय में सब कुछ समाहित
जो उगता उर में एक बार तो फिर कभी न सूखता
जिसका जन्म बदल देता है सब संसार
समझ नहीं आता डूबे हैं कि उतरे हैं पार।
जो बसा अंतर में यदि एक बार
तो मात्र सत्य और सौंदर्ययुक्त
दिखता है सब संसार
जो ईष्या, द्वेष, लोभ, क्रोध को देता जड़ से मार
कान्हा ऐसी ही है तुम्हारी प्रीत
ऐसा है तुम्हारा प्यार
काल की सीमाओं से परे, बंधनों से मुक्त
अलौकिक, अमूर्त, अखंड, तृप्त।
पर तुम खोये हो अपनी ही किसी धुन में
लगता है तुमने प्रश्न मेरा नहीं सुना
मुझमें ऐसा क्या था कि
तुमने अपनी प्रीत के लिए मुझे चुना।

80. मीरा

क्यों मीरा ने कृष्ण को चुना
अपनी प्रीत के लिये
कृष्ण जिनसे वो कभी मिली नहीं
कभी नहीं सुनी उनकी मुरली की तान
कभी नहीं गोपियों के संग, समवेत
यमुना के जल में की कल्लोल कीड़ाएं।
मीरा ने क्यों त्यागे सारे राजसी सुख
क्यों सहे ताने समस्त जग के
क्यों दुखों को अपनाया
क्यों पीड़ाओं को गले लगाया
क्यों विरही बन भटकी वन-वन
क्यों बस कृष्ण के ही गीत गाए?
क्या समझ सकता है
आज जग ऐसी प्रीत,
जहां संबंधों को सर्वदा तौलते हैं
हानि-लाभ के तराजू पर
कुछ संबंध जन्म लेते हैं
अनजाने, अबूझे
कल्पनाओं के परे
जिन्हें तौला नहीं जा सकता
सामान्य संबंधों की
सांसारिक कसौटी पर
उन्हें परिभाषित नहीं किया जा सकता
किसी बंधे बंधाये खांचे में
उन्हें देखने के लिये

एक नई दृष्टि चाहिए।

81. विदा -

कान्हा चले गये तुम कहे बिना
विदा के एक भी शब्द।
पर सोचती हूं मैं कभी
आना तुम लौटकर यहां
निहारना उन सूने पथों को
जिन पर पड़ी थी पग धूलि हमारी।
कभी निहारना तुम उन बंद वातायनों को
जिन पर टकटकी लगाए
तुम मेरी एक झलक देखने को रहते थे आतुर।
करना प्रतीक्षा नदी के उसी तट पर
उसी सूनी जगह
जहां हम मिलते थे प्रायः।
किया करती थी मैं पहरों प्रतीक्षा तुम्हारे आने की
और करना अनुभव
कैसी होती है प्रतीक्षा की पीडा।
कभी तुम उन वृक्षों की शाखों पर
अकेले बैठकर देखना जहां तुम और मैं बैठते थे साथ
और जानना कि क्या अर्थ होता है साथ छूटने का।
क्या अर्थ होता है ऐसे किसे के वहां न होने का
जहां उसे होना चाहिए था
जहां उसके होने की ऐसी आदत पड़ गई हो।
जैसे अनुभव करना सांसों का उठना गिरना।
निहारना तुम कभी
देखना कभी अमावस की अंधेरी रात का गगन
और समझना कि

क्यों कुछ अनुपस्थितियां इतना पीड़ादायक होती है
क्यों इतना खालीपन दे जाती हैं।
सुनना कभी उन प्रस्तर खंडों पर बैठकर
अकेले ही पुकारकर अपने लौटते स्वर की प्रतिध्वनियां
जहां कभी हम सुना करते थे।
अपने उसी सूने कक्ष में करना कभी
यूं ही कुछ अंतहीन प्रतीक्षाएं।
जहां छुप- छुपकर हमें कितने पहर थे बिताए।
कानों को लगाना द्वार पर सुनने को ऐसी आहटें
जो ज्ञात हो कि आयेगीं नहीं
तब तुम्हें संभवतः समझ में आए कि क्या होता है
विदा में किसी से बिना कुछ कहे चले जाने का अर्थ
क्या होता है किसी के हिस्से में
अंतहीन प्रतीक्षा देकर चले जाने का अर्थ
क्या होता है उससे सारे बंधन तोड़कर चले जाना
क्या होता है स्वयं बन्धनों से मुक्त जो जाना
पर औरों को छोड़ जाना ऐसे ही त्यक्त सा
जिन्हें बन्धनों की में सुख की आदत हो जाती है
और जो बन्धनों से छूटने पर भी नहीं हो पाते मुक्त।
सोचती हूँ मैं जब होती हूँ अकेली
क्यों होता है ऐसा जब हों मुक्त
तब रहती है आकांक्षा बन्धनों में प्रिय के बंधने की
जब हो बन्धनों की बढ़ती वय
होने लगता है उसी प्रेम का क्षय
स्नेह के वही बन्धन सारे लगने लगते हैं पगों की बेड़ियाँ
बन्धनों से मुक्ति की बलवती होने लगती है आकांक्षा।
मैंने सोचा था मैं नहीं करुँगी तुमसे ऐसा प्रेम
जो बोझ और बन्धन लगे एक समय के पश्चात
कोई अधिकार भी न मैंने मांगा कभी बस इसीलिए

ख़ामोशियां

जाने क्या बात है कि रूबरू तेरे ज़ुबां खुलती ही नहीं मेरी
तुझसे इतनी ही इल्तिजा है, तूं पढ़ लिया कर ख़ामोशियां मेरी।

जख़्म

तूने जो जख़्म दिये कितने गहरे हैं
इतने सालों बाद आज भी हरे हैं।

वजूद

जिन राहों पर कभी चले थे हम तुम साथ-साथ
उन राहों पर तेरे कदमों के निशा ढूंढता हूं।
तेरे लबों के तबस्सुम की हकीकत पता है मुझे
तेरी मुस्कुराहटों में तेरा दर्दे निहां ढूंढता हूं।
दुनिया की भीड़ में कभी खो जाता हूं इस तरह
कुछ लम्हों की ख़ातिर खुद अपना पता ढूंढता हूं।
कैद सा होकर रह जाता हूं कंक्रीट के बंद कमरों में
कभी यूं ही टैरेस पर जाकर खुला आसमां ढूंढता हूं।
अपनी ही उलझनों में मशरुफ़ अपने ही ख़यालों में गुम
अपने जीने का सबब अपने वजूद का पता ढूंढता हूं।
कोई तो होगी मुझे भी लग जाए जो मेरे भी काम आये
इस मंदिर उस मज़ार जाकर ऐसी कोई दुआ ढूंढता हूं।

82. तेरे घर के दरवाजे

मालूम है हमें तेरे घर का
हर एक दरवाजा लोहे का है, मगर
खिडकियां तो सारी कांच की है,
हाथ में इसलिए हैं पत्थर उठाए हुए।

83. याद आया

जब भी कभी मैं बड़े शहर में तनहा हुआ
मुझे तंग गलियों वाला अपना छोटा सा शहर याद आया।
जब कभी मैं था थका मांदा और कोई न था पास
बेसाख्ता मुझे बचपन में माँ की गोद में रखा अपना सर याद आया।
यहां, वहां कहां-कहां रहे भटकते दिनभर
जब भी हुई रात न जाने क्यों कर याद अपना घर आया।
जब जीस्त के आखिरी मुकाम पर पहुंचने को है कदम
जो पूरे कर न पाए याद हर वो अधूरा सफ़र आया।

84. गंध

आज कुछ पुरानी किताबों पर पड़ी
धूल झाड़ते हुए
मुझे याद अम्मा बाबूजी आ गये।
इन किताबों को पढ़ा था दोनों ने
घंटों दिनों तक अपने हाथों में ले लेकर।
अम्मा ने कहा था
कई किताबों जो बिना कवर हैं उनपर भी मैंने कवर चढ़ा दिया
नहीं तो फट रहीं थीं।
इन चंद किताबों में कैद है
उनके हाथों की खुशबुएँ
कैसे मैं इन्हें अपने से जुदा करूँ कैसे।
लोगों के चले जाने के बाद
रह जाती हैं बस उनकी यादें,
उनकी कहीं बातें,
उनकी छुई चीज़ों में
हमेशा के लिए रह गई उनकी गंध।

85. इंसान

क्यों पूछते हो हमसे, हादसे में मरने में वालों का मज़हब
हमें तो बस इतना पता है, कि जो मरे सब इंसान थे।

86. मैं अक्सर टुकड़ों में हूं बंट जाता

मैं अक्सर हूं कितने टुकड़ों में बंट जाता
कुछ अपने का कुछ औरों का हो जाता
लगते अपरिचित कुछ जग को
कुछ में अपने जैसा जग है कुछ पाता
कुछ हिस्सों को मेरे जग है अपनाता
कुछ को निर्मम ठोकरें है लगाता
कुछ में मैं नीर बहाता
कुछ में हूँ मैं मुस्कराता
कुछ में मैं टूट कर बिखर जाता
कुछ में मैं निखर-संवर जाता
कुछ में मैं दिखला देता हूं सब
कुछ में मैं सब कुछ हूं छुपा जाता
कुछ में हूं मैं चलता रहता
कुछ में मैं ठहर जाता
कुछ में मैं भटका हूं पथ से
कुछ में सीधी राह मैं हूं चलता जाता
कुछ में संबंधों का सारे किया निबाह
कुछ में संबंध मैं निभा न पाता
कुछ में पालता मोह कितने
कुछ में रहता मैं जैसे हूं विरक्त
कुछ हिस्से रहते वरदान लिए
कुछ हैं जैसे शापित अभिशाप लिए
कुछ में पलते अपनत्व, प्यार, प्रीत
कुछ में पलती कितनी ईर्ष्याएँ, घृणायें

कुछ में कभी रहता मैं मुखर
कुछ में ओढ़ लेता हूं मौन
कुछ हिस्से मुझे परिचित लगते
कुछ से मैं खुद पूछता कि तुम कौन?
कुछ में भग्न स्वप्नों का है बसेरा
कुछ में हूं मैं नित नये स्वप्न सजाता
कुछ में पलती वेदनाएं कितनी
कुछ में हूं मैं गीत गाता
कुछ में हूं मैं जीता
कुछ हिस्सों में हूं मैं मर जाता
अक्सर मैं हूं कितने टुकड़ों में बंट जाता।

87. वो अकेला

इस दर उस दर फिरता रहता है वो बंजारों सा
आंखों में बस इक घर का ख़्वाब लिए।
अपने वजूद की तलाश में भटकता रहता है
हजारों अनसुलझे सवाल और सिर्फ चंद जबाब लिए।
बहुत कम हैं ज़रूरतें उसकी, इक छोटी सी पोटली में
लिए फिरता है अपना सारा मालो-असबाब लिए।
वो बांटता ही रहता है खुशियाँ औरों को
अपने सीने में गम बेहिसाब लिए।
कोई शर्म नहीं उसको अपने ज़ख्म दिखाने में
फिरता है अपने जख़्म बेहिजाब लिए।

88. कटे हुए दरख़्त

काट डाले जो दरख़्त हमने सड़कें और इमारतें बनाने के लिए
हमें क्या मालूम जाने उन पर कितने परिंदों का ठिकाना था।
कितनी चिड़ियां आते जाते बैठकर मीठे-मीठे गीत गाती थीं
कितनी चिड़ियों का शाखों पर बैठकर वहां होता सुस्ताना था।
उनकी छांव में बैठकर धूप में कुछ मुसाफिर सुस्ता भी लेते थे
प्रेमी जोड़े भी वहां आकर बैठते थे वहां उनका भी आना जाना था।
कई बेघर मज़दूर रात में उन दरख्तों की छांव में थककर सो जाते थे
उन दरख़्तों तले उनका इक बसेरा तो था उनका आशियाना था।
चलो मान भी लिया कि दरख़्तों का काटना बेहद जरूरी था
मगर जितने काट डाले पेड़ उससे दुगुने पौधे तो लगाना था।

89. चल

इस राह चल
उस राह चल
जहां चाह चल
मुक्त हो बंधनों से निकल
चल।
हो हृदय विकल
हो क्लांत मन
या हो क्लांत तन
या हो पांवों में थकन
पर तूं न विचल
चल।
चल बियाबान में
चल गांव में
चल बाजार में
चल धूप में
चल छांव मे
चल शमशान में
चल।
नयी राहपर
नयी आस लिये चल
रेगिस्तान में भी तूं
इक अधूरी प्यास
लिये चल।
चल तूं चमन की बहारों में
इक दिल उदास लिए चल

रात के अंधेरों में चल
दिन के उजालों में चल
भंवर में चल
धार में चल
मंझधार में चल
नदी के तीर पर चल
सागर के बीच में चल
आंधी में चल
तूफान में चल
सीने में इक आग लिये चल
मन में जलती
मशाल लिए चल।
अनदेखी अनजानी पगडंडियों
पर चल अपनों के मध्य
अपनों के साथ चल
यूं ही कभी
अनजानी राहों पर
अपरिचितों के साथ चल।
चल तूं स्वप्न अपने सारे
अपने साथ लिए चल
अपना भाग्य अपने
हाथ लिये चल।
जीता रह जीवन
पर अंतर में कहीं
मृत्यु अपने साथ लिए चल।
है जब तक
सांस चल रही
चल
बिन थके बिन रुके

चल।

90. सूनी दृष्टियों में सौ स्वप्न सजाता हूं

अपनी रिक्तताओं में भरा हूं मैं
अपनी अपूर्णताओं से पूर्ण हूं।
मैं अपने रंगहीन जीवन से
गीतों के इंद्रधनुषी रंग पाता हूं।
मैं अपनी विकलताओं से शांति पाता हूं
मैं अपने मौन से न जाने कितने स्वर चुराता हूं।
मैं अपने रुके हुए पगों से
कल्पनाओं में ही कितनी यात्राएं कर आता हूं।
मैं बंद हाथों में
भविष्य के कितने स्पर्श समाता हूं।
मैं सूनी सी दृष्टियो में
सौ सुनहरे स्वप्न सजाता हूं।
मैं बिन छुए बस शब्दों से ही
कितने मन छू जाता हूं।
जो कहते हैं मुझसे कितना कुछ
मैं भी चाहता हूं कितना कुछ कहना सुनना उनसे
पर थोड़ा थोड़ा घबराता हूं।

91. कुछ भूले हुए ख़्वाब

कुछ चुप आवाजें
गूजती रही कानों में।
कुछ गुमशुदा चेहरे
उभरते रहे आंखों में।
कुछ खोये हुए नाम
अपना पता बताते रहे।
कुछ छूटे हुए रास्ते
बार बार बुलाते रहे।
कुछ टूटे हुए रिश्ते
दिल जलाते रहे।
कुछ भूले हुए ख़्वाब
अक्सर याद आते रहे।
कुछ अधूरी ख़्वाहिशें
रह रह कर मचलती रहीं।
कुछ दबे दबे ख़याल
फिर से सर उठाते रहे।
कुछ गिले, कुछ शिकवे
जेहन में आते रहे।

92. पथिक तुम इस पथ पर क्यों आते हो

पथिक तुम इस पथ पर किसलिए
आखिर क्यूं कर आते हो?
आते भी हो तो आखिर
इतने गीत क्यों गाते हो:
तुम क्यों पालते अनुराग इतने
तुम क्यों इतने कौतूहल जगाते हो?
तुम करते कितने संबंधों का सृजन
फिर झटके से तोड उन्हें जाते हो?
तुम भावुकता की रौ में आख़िर
इतना क्यों बह जाते हो?
तुम इतना कुछ कैसे सह लेते हो
तुम इतना कुछ कैसे कह जाते हो।
तुम इतने आघात-प्रतिघात हो कैसे झेलते
तुम इतना कुछ कैसे सह जाते हो।
तुम क्यों थके पांवो को
फिर से गति देकर जाते हो।
तुम क्यों आखिर टूटे सपनों को
फिर से नये पंख लगाते हो।
तुम क्यों मुरझाये मनों में
कामनाओं के नव पुष्प खिलाते हो।
तुम इतनी वेदनाएं लिए हो हृदय में
फिर भी आखिर कैसे मुस्काते हो।
तुम लड़ तो जाते हो औरों से
फिर स्वयं से इतना क्यों घबराते हो।

पथिक तुम इस पथ पर क्यों कर आते हो।
आते भी हो तो इतने गीत क्यों गाते हो?

93. सफ़र

वक्त बदला, राहें बदलीं, चेहरे बदले, कितने मंज़र बदल गये
इक साथ चले थे जाने कितने पर सबके सफ़र बदल गये।
ये हक़ीक़त है ज़िन्दगी की जिन्होंने की थी शुरुआत साथ-साथ
उनमें से कुछ पीछे छूट गये कुछ आगे निकल गये।
उम्र भर सफ़र में कौन कहां साथ दे पाता है
कुछ साथी राहों में बिछड़ गये कुछ हमसफ़र बदल गये।
कमजोर थीं जो कश्तियां ख़ुद ब ख़ुद डूब गई
कुछ को लहरों में उठे भंवर निगल गये।
वो जिनको बहुत शौक था इंकलाब की राहों पर चलने का
वक्त आने पर उस राह से मुड़कर कतरा के निकल गये।
दिल के आईने में जब लगा अपना ही अक्स कुछ अजीब सा
खुद तो न बदले जरा भी पर घर के आईने सारे बदल गये।
जरा देख भालकर चलना यहां, नकली चीज़ों की पूछ है बहुत
असली तो देखते ही रहे जाने कितने खोटे सिक्के यहां चल गये।

94. उम्मीदों पर खरा

सिर्फ तुम्हें ही मुझसे ये शिकायत नहीं
कि मैं तुम्हारी उम्मीदों पर खरा नहीं उतरा
मुझे खुद से भी यही शिकायत है

95. उत्तरदायी

जिनके प्रति उत्तरदायी हो तुम
जिनके दुखों का कारण हो तुम
उत्तर दो क्या उनके,
मुरझाये हुए स्वप्नों को
क्या पुनः कभी खिला पाओगे?
टूटे हुए बिश्वासों को
क्या कभी भला जोड पाओगे?
अश्रु हैं जिन नयनों में
क्या भला कभी तुम पोंछ पाओगे?
अधरों पर बसे मौन को
क्या कभी स्वर दे पाओगे?
छोड़ी हुई पगडंडियों पर
क्या कभी लौट पाओगे?
छूटे हुए हाथों को
क्या फिर कभी थाम पाओगे?
थके हुए मनों की क्लान्ति
क्या कभी मिटा पाओगे?
सोये हुए उनके शब्दों को
क्या कभी जगा पाओगे?
नयनों में जो बसी है उदासी
क्या कभी हटा पाओगे?
तोड़कर मौन अपना
क्या छिपे हुए स्वर अधरों पर ला पाओगे?

96. कोई

गहन निर्जन के तम में डूबे सूने मंदिर की
सूनी ड्योढी पर जैसे एक दीप जला जाता है कोई।
वर्षा से धूल से अटी पुरानी वीणा पर
जैसे जीवन का नया राग छेड़ जाता है कोई।
वर्षो से बंद पड़े सूने से मन का
प्रवेश द्वार, कितने वातायन खोल जाता है कोई।
सूनी-सूनी सी पथराई आंखों में
सौ सौ नव स्वप्न जगा जाता है कोई
पांव धरा पर ही रहने देता है
पर मन को जैसे पंख लगा जाता है कोई।
सीमाओं का किये बिना उल्लंघन
हर सीमाए लांघना सिखला जाता है कोई।
जिस दृष्टि से देखते हम जीवन
उस दृष्टि के पार देखना बतला जाता है कोई।

97. कहां जाएं

यूं ही गुज़ार दी सारी ज़िंदगी
इस बात की पशेमानी लेकर कहा जाएं।
अब तक जो ठहरी हुई है सीने में
वो सब बातें पुरानी लेकर कहां जाएं।
वक्त पर न मिली जो
ऐसी सब मेहबानी लेकर कहां जाएं।
कोई जानता नहीं तो क्या, जो हमें पता है
वो दिल में छुपी हुई बेईमानी लेकर कहां जाएं।
बिछडे तो मगर, जो साथ अब तक हैं
वो सब तेरी निशानी से कहां जाएं।
जो किसी से कह न पाए, कभी सुना न पाए
वो सब कहानी लेकर कहां जाएं।
उम्मीदें सबको है हमसे अक्लमंदी की, मगर
दिल में जो बच्चा है उसकी नादानी लेकर कहां जाए।

98. बीते लम्हों का मातम

कल जब बैठेंगे करने बीती उम्र का हिसाब तो
यूं ही जाया लम्हों का कितना मातम मनायेंगे।
कैसे गुजारी हमने एक नाकाम सी जिंदगी
सोचकर ख़ुद ही ख़ुद से पशेमान हो जायेंगे।
कुछ भूली बातें, कुछ बिछड़े लोग याद आयेंगे
कुछ सीने में दबे दर्द फिर से उभर आयेंगे।
बीती बातें याद कर, कभी लबों पर आयेगी हल्की
सी हंसी
कभी पलकों के कोनों से दो अश्क छलक जायेंगे

99. मां की दुआओं का साया

पांव धूप में जब जले तो भी कुछ गम न था
सर पर मां की दुआओं का साया तो था।
राहें कंटीली थी ये पता था हमें चलने से पहले ही
पर उन राहों पर चलने का जोख़िम उठाया तो था।
जिंदगी की जद्दोजहद में ठोकरें खाई कितनी ही मैंने
टूट कर बिखरा नहीं मैं सौ बार जिंदगी ने आजमाया तो था।
माना कि गहरे थे अंधेरे और न मिटते आसानी से
मगर मैंने अपने हिस्से का दिया जलाया तो था।
किसी ने पढ़ ली मेरे चेहरे पर लिखी दर्द की इबारत तो क्या करूं
मैं दर्द अपना छुपाकर मुस्कराया तो था।

100. बार बार मिलने और बिछड़ने की इजाज़त रहे

कुछ ऐसा हो कि मेरा भरम भी कायम रहे
और तेरा यकीं भी सलामत रहे।
मैं तेरी दोस्ती का दम भरूं
और तेरी मुझसे अदावत भी रहे।
पाबंदियां हो लाख मिलने पर
दीदार की इजाजत भी रहे।
एक दूसरे से किए सौ वादे टूटें मगर
भरोसा एक दूसरे पर फिर भी सलामत रहे।
उम्मीद न हो कोई एक दूसरे से
मगर कुछ गिले, शिकवे, शिकायत रहे।
मिल न सकें कभी कोई बात नहीं
मगर दिल में मिलने की दबी सी हसरत रहे।
गर मिले भी तो पांव में कोई जंजीर न पहनाएं किसी को
बार-बार मिलने बिछड़ने की इज़ाजत रहे।

101. प्यार ढूंढ़ते हैं

जहां खरीद लें खुशियां कम दामों पर
चलोअब अपने लिये ऐसा बाज़ार ढूढ़ते हैं।
चीज़ें हो भले कम, मगर प्यार हो ज्यादा
अपने लिये ऐसा कोई घर बार ढूंढते हैं।
जो चाहे हमें हमारी सारी खामियों के बावजूद
ऐसा कोई साथी, ऐसा कोई यार ढूंढते हैं।
जहां कोई दुआ न हो बेअसर कोई ख्वाहिश न हो नामंजूर
सर झुकाने के लिये ऐसा कोई मंदिर ऐसी कोई मज़ार ढूंढते हैं।
चलो अपने शहर की छूटी हुई गलियों में दोबारा फिर
मिल ही जाये शायद, कोई बचपन का यार ढूंढते हैं।
बहुत हो गई नफ़रतों की बाते, नफ़रतों की ख़बरें
चलो अब छोड़कर इनको थोड़ा प्यार ढूंढते हैं।
जो छापता हो सिर्फ प्यार की ही ख़बरें रोज
अपने लिये ऐसा कोई अख़बार ढूंढते हैं।
मन थक सा गया है इस झूठ और फरेब की नौकरी से
चलो अब अपने लिये नया कारोबार ढूंढते हैं।

102. कांटों की चुभन

किसे याद रहती है
बीतते समय के साथ कभी मिले
मुरझाए गुलाबों की कोमलताएं।
पर याद रह जाती है
फूलों के साथ के
कांटों से मिली मीठी हल्की सी चुभन
और उंगली की पोर पर टपका
एक बूंद खून का और एक हल्का सा निशान
जो किसी और को न दिखे
पर दिखे बस खुद को ही।
कुम्हला जाने वाले कोमल फूलों से
ऐसी उम्र भर रह जाने वाली
कांटो की चुभन अच्छी।

103. उसका संभालना

मेरी खामोशियाँ हर दिन मुझे कुछ नये ख़याल देतीं है
मेरी ज़िंदगी हर दिन मुझे कुछ नये सवाल देती है
इतनी ठोकरों खाकर भी गर मैं टूटता और बिखरता नहीं तो
सिर्फ इसलिए कि बढ़ाकर हाथ अपने वो मुझको संभाल लेती हैं

104. बुझते हुए दिए की कांपती हुई लौ

एक दिवस जले असंख्य दीप धरा पर
पर क्या मिट सका अंधेरा सर्वत्र
एक लौ ज्योति की जली जो अंतर में
वर्षों तक तम मिटाती रही।
एक सूने घर की अंधेरी चौखट पर
एक बुझते हुए दिए की कांपती हुई लौ
बड़ी देर तक लड़ती रही अंधेरे से
बड़ी देर तक धीमे धीमे झिलमिलाती रही।

105. मैं पलट कर बुलाता रहा

कोई मिला था चंद लम्हों के लिए ही
बिछड़ने के बाद मगर याद आता रहा।
ये किसको मैं रह रह के भुलाता रहा
ये कौन मुझको हरदम याद आता रहा।
कोई रिश्ता तो न था दरमियां, मगर
वो भी निभाता रहा, मैं भी निभाता रहा।
वो कौन था जो खो गया राह में कहीं
ये किसको मैं पलट कर बुलाता रहा।
वो कौन था जो निकल गया दूर अपने सफ़र में
ये किसको मैं बार बार आवाज़ लगाता रहा।

106. प्रवासी मजदूरों की पीड़ा

उनके कंठ अवरूद्ध उनके नयनों में नीर भरे
उनके कंधों पर बोझा कितना, पैरों में पड़े छाले
कितनी पीडाएं, कितने अभाव, कितनी विवशताए
दुख बढ़ गये हैं अब इतने कि न जायें संभाले।
निकल पड़े हैं कहीं पैदल ही लेकर अपना कुनबा
अपने सगे संबंधी साथी संगी और परिवार
सर पर सामान की गठरी उठाये।
बगल में दाबे बच्चा अपना और किसी की ऊंगली थामे
कहीं चल रही बूढ़ी अम्मा सूटकेस डगराये।
कहीं कोई बेचारी औरत है जो पेट से
चलती जाने कैसे दोहरा बोझ उठाये।
थक हार कर धूप से भूख से प्यास से
वहीं सड़क किनारे पसरें वहीं बैठ सुस्तायें।
कही साईकिल कहीं रिक्शे पर कही आटो में
कहीं चोरी छुपे ट्रकों में ठुसे और लदे हुए
कहीं जाते एम्बुलेंस में छुपे छुपाये
कही ट्रेनों में जा रहे भरे भराये।
कहीं कुछ कटे रेल की पटरियों पर
जब थक कर सो गये थे सुस्ताने
कुछ कुचले गये सड़कों पर, ट्रकों से
कुछ को गर्मी, धूप, भूख और रास्ते की थकन निगल गई
सबके मन में बस एक ही इच्छा एक ही अभिलाषा
बस अब लौटकर अपने घर को जाना है
अबकी जो मन टूटा है, जो मन पर लगे है घाव
शायद इतने जल्दी ना भर पायेगें

जो जायें गांव अपने इतनी जल्दी
शायद फिर वापस ना आयेंगे।
अबकी (कोविड के समय में)

107. चांद सूरज

उधार की रोशनी में चमकता रहा चांद
सूरज चुपचाप नेपथ्य में जलता रहा।
चांद और चांद की झूठी चांदनी की शान में
लोग पढ़ते रहे कसीदे
सूरज अपना दर्द लिए उबलता रहा।
हकीकत से सारी दुनिया है वाक़िफ कि
चांद के पास अपनी कोई रोशनी नहीं
चंद्र किरणें कहता जिसको जग सारा
वो रश्मियां सूर्य की है.
मगर कवियों की कोरी भावुकताओं के भरोसे
ये खेल सदियों से चलता रहा।
किसी और की रोशनी से
कोई उम्र भर पलता रहा
कोई कुछ कर न सका
बस मिटता रहा, जलता रहा।

108. क्या रह जायेगा शेष?

जब मृत्यु दबे पांव
अकस्मात आकर कहेगी
चल यायावर
बहुत भटक लिया
चल चलें
अब अंतिम यात्रा पर
क्या रह जायेगा शेष तब?
क्या मेरे शब्द रह जायेंगे
मेरे होने और
मेरे न होने के बीच

www.ingramcontent.com/pod-product-compliance
Lightning Source LLC
LaVergne TN
LVHW100253051026
849517LV00006B/2072
9798892338134